Sehnsucht
IRLAND

»Von den Kuppen der Hügel reichte der
Blick bis zurück in die Zeiten des
Heiligen Patrick und der Druiden.
Slieve Gullion im Norden war fünfzehn
Meilen entfernt, im Westen die verhexten
Hügel und Steinringe von Donaghmoyne.«

Patrick Kavanagh

Sehnsucht

IRLAND

MYSTISCHE INSEL IM ATLANTIK

Richard Gardner
Jörg Berghoff

BRUCKMANN

Inhalt

Sturmböen am Lough
Swilly an der
Inishowen-Halbinsel

Abendstimmung mit
Häusern am Roches-
Point-Leuchtturm

»Mögest du Ruhe finden,
wenn der Tag sich neigt ...
Auf dass die Erinnerung
dich wärmt und gute
Träume deinen Schlaf
begleiten.«

Segenswunsch aus Irland

Die Basaltsäulen des Giant's Causeway
an der Antrim Küste

Mystische Buchenallee
Dark Hedges im
County Antrim

Atlantischer Ozean

Malin Head
Giant's Causeway
Rathlin Island
North Channel
Tory Island
Clonmany
Inishowen
Moville
Ballycastle
Dunfanaghy
Buncrana
Bushmills
Torr Head
Cushendun
Lough Foyle
Coleraine
Errigal 752
Glenveagh Nationalpark
Londonderry/ Derry
Maghera
Antrim Coast
Larne
Dungloe
Letterkenny
Strabane
Bann
Ballymena
Ballybofey
Sperrin Mountains
Carrickfergus
Ardara
Donegal
Omagh
Cookstown
NORDIRLAND
Lough Neagh
Belfast
Donaghadee
Glencolumbkille
Malin Beg
Pettigoe
Dungannon
Lisburn
Comber
Ards Peninsula
Killybegs
Ballyshannon
Lower Lough Erne
Fermanagh Lakelands
Enniskillen
Armagh
Lurgan
Strangford Lough
Portaferry
Donegal Bay
Monaghan
Castleblayney
Newry
Strangford
Downpatrick
Newcastle
Kilkeel
Belmullet Peninsula
Céide Fields
Easky
Sligo/Sligeach
Irish Sea
Belmullet
Ballycastle
Collooney
Kilronan Castle
Dundalk/ Dún Dealgan
Bangor
Ballina
Keadue
Arigna Mining Experience
Cavan
Ardee
Monasterboice
Blacksod Bay
Nephin 807
Charlestown
Carrick-on-Shannon
Ballinamore
Mellifont Abbey
Drogheda/ Droichead Átha
Keel
Keem Bay
Boyle
Laughcrew
Newgrange
Achill Island
Achill
Castlebar
Ballyhaunis
Strokestown House
Longford
Kells
Boyne Valley
Westport/ Croagh Patrick
Edgeworthstown
Navan
Balbriggan
Inisbofin
Mweelrea 819
Lough Mask
Roscommon
Lough Ree
Mullingar
Trim
Hill of Tara
Connemara Nationalpark
Kylemore Abbey
Lettershea
Ballinrobe
Kinnegad
Clifden
Connemara
Tuam
Athlone
Kilbeggan
Edenderry
DUBLIN/ BAILE ÁTHA CLIATH
Maam Cross
Lough Corrib
Ballinasloe
Kilbeggan Whiskey Distillery
Tullamore
Brigit's Garden
Clonmacnoise
Lough Boora Discovery Park
Kildare
Bray
Inveran
Loughrea
Naas
Wicklow Mountains National Park
Powerscourt House and Gardens
Galway/ Gaillimh
Portumna
Birr
Portlaoise
Glendalough 926
Mount Usher Gardens
Galway Bay
Lough Derg
Roscrea
Mooone
Rathdrum
Wicklow
Kilronan
Aran Islands
Kinvarra
The Burren
Lisdoonvarna
IRLAND
Cliffs of Moher
Ennistimon
Ennis
Nenagh
Durrow
Carlow
Arklow
Milltown Malbay
Thurles
Kilkenny
Gorey
Kilkee
Kilrush
River Shannon
Limerick/ Luimneach
Cashel
Thomastown
Enniscorthy
Loop Head
Adare
Tipperary
Knocktopher
Ballybunnion
Tarbert
Caher
Clonmel
Dunbrody
Wexford/ Loch Garman
Listowel
Rathkeale
Mitchelstown
Waterford/ Port Láirge
New Ross
Arthurstown
Rosslare Harbour
Tralee/ Trá Lí
Abbeyfeale
Caher
Hook Head
Carnsore Point
Dingle
Killorglin
Newmarket
Mallow
Fermoy
Lismore
Dungarvan
Dingle Bay
Macgillycuddy's Reeks 1041
Lough Leane
Lakes of Killarney
Killarney
Macroom
Ardmore
Iveragh
Parknasilla
Kenmare
Bandon
Cork/ Corcaigh
Youghal
Cahersiveen
Valentia Island
Glengarriff
Garinish Island
Cobh
Skellig Michael
Bantry
Clonakilty
Kinsale
St. George's Channel
Skellig Islands
Beara
Castletownbere
Mizen
Inchydoney Island
Kemmare River
Skibbereen
Mizen Head
Sherkin Island

N

0   30 km

Die besten Aussichtsplätze
auf Skellig Michael gehören
den Papageientauchern.

Einleitung

DAS GLÜCK DER KLEINEN MOMENTE

MIT SEHNSUCHT IM HERZEN

Es gibt Länder, die eine seltsame Anziehungskraft ausüben, sobald man ihren Boden betritt. Man fühlt sich wie verzaubert, von geheimnisvollen Begegnungen und mystisch anmutenden Erscheinungen fasziniert, auch wenn man im Allgemeinen wenig übrig hat für Esoterik oder parapsychologische Phänomene. Irland ist dafür das beste Beispiel. Jeder, der einigermaßen wachsam durch den Tag geht, der genau hinschaut und gelernt hat, den kleinen Moment als das größte Glück zu betrachten, wird in Irland sein Paradies finden. Irland ist ein Sehnsuchtsziel par excellence. Ich kann es selbst heute, nach mehreren Jahrzehnten regelmäßiger Irlandreisen, kaum erwarten, meinen Fuß auf die Insel zu setzen, eine Auszeit vom Alltag zu nehmen, und sei es nur ein Ausstieg für kurze Zeit.

Idealistisches

Die irische Jugend hat, genau wie ihre Vorfahren in Irlands bewegter Geschichte, noch immer einen Drang nach Freiheit und Gerechtigkeit, nicht nur nach großen Fleischtöpfen. Ein sozialistischer Gewerkschaftsführer und politischer Aktivist wie »Big Jim James Larkim« wird von vielen verehrt.

»Ah, wir wissen schon,
wo die sind«, sagte
Miss McAdam.
»Trinken sich Mut an.«
»Ja nun, es ist eben
Freitagabend.«

Colm Tóibín, *Brooklyn*

Das Wort »Ausstieg« gefällt mir eigentlich überhaupt nicht. Es klingt immer ein bisschen nach Sturz von den Klippen, Rückkehr ausgeschlossen. Dabei ist ein Ausstieg doch immer auch mit einem Einstieg verbunden. So ist jede neue Irlandreise für mich vor allem ein Eintauchen in eine andere Lebensart, eine andere Kultur im Umgang miteinander und den Schwierigkeiten des Alltags. Sich nicht unterkriegen zu lassen, immer einen Scherz auf den Lippen zu haben, Fünf auch mal gerade sein zu lassen und für eine gute Geschichte oder eine Begegnung mit einem Fremden, der dein Freund werden könnte, einen Termin sausen zu lassen, erfrischt mich immer wieder aufs Neue. Dabei neige ich keineswegs zu sozialromantischen Verklärungen, ich kenne auch das melancholische, manchmal schwermütige Irland, jenes der verlorenen Seelen, die von der Neuzeit zurückgelassen wurden und kaum Gelegenheit bekommen werden, den Abstand zu einem geregelten Leben zu verringern. Aber auch dort findet man oft genug eine tief verwurzelte Spiritualität, eine Fähigkeit, Zeichen zu deuten und Zufälle als Notwendigkeiten anzunehmen. Was damit gemeint ist?

Ein Besuch auf Sherkin Island macht es deutlich. Ein verregneter Septembertag im Hafen von Baltimore an der Südwestküste. Das Rot-Weiß der frisch lackierten Fähre hebt sich wohltuend von der einheitlich grauen Umgebung ab. Die Überfahrt verläuft kurz und ruhig, schenkt Zeit, seinen Gedanken freien Lauf zu lassen – etwa darüber, dass die alte Irland-Liebe zwar nie rosten wird, aber manchmal erneuert werden muss, wie eine neue Lackierung auf einem altgedienten Bootsrumpf. Auf Sherkin Island, der kleinen Insel in der Roaring Water Bay, in der sich früher die Piraten mit den Handels- und Kriegsschiffen erbitterte Fehden lieferten, steht die kleine, äußerlich völlig unscheinbare Kir-

che, St. Mona's Church. Und obwohl gerade ein paar Sonnenstrahlen zwischen den Wolken hervortreten, zieht mich irgendetwas magisch an, ich muss die Kirche betreten. Über dem schlichten Altar hängt ein Ölgemälde mit wogenden Wellen in tiefem Meeresblau. Dann stolpere ich beinahe über einen kleinen Zettelstapel: *17th Century Nun's Prayer*.

Die Quelle dieses Gebets ist leider unbekannt, was ihm nichts von seiner Weisheit nimmt. Ich beginne zu lesen und meine Verblüffung wächst von Zeile zu Zeile. Es passt nahezu perfekt auf meine Lebenssituation, die gekennzeichnet war von ermüdenden Streitigkeiten über Projekte und deren ungewissen Ausgang. Verstrickt in unzählige Diskussionen war ich auf der Suche nach Auswegen. Dann kommt dies hier: »Mein Herr, Du weißt besser als ich, dass ich eines Tages alt sein werde. Bitte beschütze mich vor der fatalen Angewohnheit, zu glauben, ich müsse zu jeder Gelegenheit und zu jedem Anlass einen Kommentar abgeben.« Nach Hause zurückgekehrt, habe ich diesen Satz aus dem Gebet beherzigt und siehe da, einige Projekte wendeten sich zum Guten.

Auch Sie werden in Irland Ihr passendes Gebet finden, da bin ich sicher.

Farbiges

Die Pubszene in Dublin ist besonders vielfältig und bunt. Diskutiert wird überall gerne, Kontraste setzen auch die farblichen Gestaltungen der Gebäude in den Dublin Castle Gardens, während man auf dem Lande und an der Küste der Beara-Halbinsel alle Schattierungen von Blau und Grün findet.

Das Land des Regenbogens in Reinform: Dramatisch präsentieren sich die erhabenen Klippen von Moher.

Ihr habt am Himmel keine solchen Farben ... keine solche Traurigkeit an den Abenden.

George Bernard Shaw, *Träumen*

Die wohl schönste
Panoramastraße Irlands, der
Slea Head Drive, bietet
traumhafte und atemberaubende
Ausblicke auf die wilde
Westküste der Insel.

Cork am Abend gleicht einem
Lichtermeer, aus dem
St. Anne's Church
herausragt.

An der
OSTKÜSTE
entlang

VON NEWGRANGE NACH GLENDALOUGH

Newgrange und Hill of Tara

MAGISCHE ORTE ZUM TRÄUMEN

HEIMAT DER IRISCHEN MYTHOLOGIE

Das nur 50 Kilometer nördlich von Dublin gelegene Boyne Valley ist ein höchst geschichtsträchtiger Ort und ein friedlich daliegendes Flusstal zugleich. Charmante kleine Orte wie Slane, Trim und Kells wechseln sich ab mit den bedeutendsten Grabpalästen der Steinzeit. Die ganze Grafschaft Meath erscheint wie ein königliches Freilichtmuseum.

Der Megalithkomplex Brú na Bóinne im Tal des Flusses Boyne, seit mehr als 20 Jahren als UNESCO-Welterbe eingestuft, ist die bedeutendste Anlage dieser Art in ganz Europa. Was die Menschen hier vor rund 5000 Jahren schufen, noch vor den ägyptischen Pyramiden und Stonehenge, verschlägt einem die Sprache. Die gewaltigen Grabanlagen rund um Newgrange sind ein architektonisches Meisterwerk der neolithischen Kultur, die sich von hier aus über ganz Irland ausbreitete. Der Legende nach war die Boyne-

Verwunschenes

Kultsteine wie der Stone of Destiny am Hill of Tara und keltische Kreuze wie das Muiredach's Cross in Monasterboice sind beliebte Orte all jener, die das mystische Erbe der Insel bewahren. Mit alten Gewändern und traditionellen Ritualen feiern sie andere Welten.

Schleife zwischen Drogheda im Osten und Slane im Westen die Nekropole der Könige von Tara und Wohnstatt der göttlichen Königin Boinn und der Könige Nuada und Dagda. Noch heute spürt man die magische Kraft, die von diesem Ort ausgeht, trotz der Menschenmassen, die in der Hauptsaison durch das Visitor Centre in die Anlagen einfallen.

Schon von weitem weckt Newgrange Gefühle von Ohnmacht und Staunen. Der zwölf Meter hohe, kreisrunde und 90 Meter im Durchmesser erreichende Erdhügel besteht aus einem unterirdischen Gang mit Kammern, deren Dach und Wände von Steinplatten getragen werden, die einem Gewicht von einer viertel Million Tonnen standhalten. Alles, auch die äußeren Randsteine, ist in Trockenbauweise zusammengefügt, ohne Lehm und Mörtel, aber mit einem

raffinierten Drainagesystem versehen. Entdeckt wurde Newgrange im Jahre 1699, als der damalige Grundbesitzer Charles Campbell Steine für den Straßenbau zusammentrug. Dabei stieß man auf den Grabeingang und war über den prächtig verzierten Eingangsstein wahrscheinlich so erschrocken, dass man zunächst die Flucht ergriff. Erst in den 1970er-Jahren schloss Professor Michael O'Kelly die Ausgrabungen und die Rekonstruktion der Grabanlage ab. Im Inneren fanden sich Schmuckgegenstände, Steinperlen, Knochennadeln und ovale sowie phallusartige Steinfiguren, die auf Ahnenkulte, Fruchtbarkeitsrituale und Sonnenmagie hindeuten. Auch Spuren von Getreide wurden entdeckt, was den Schluss zulässt, dass Newgrange nicht nur als Totenkultstätte, sondern auch als Getreidespeicher diente. Leben

Steinaltes

Noch immer geben Anlagen wie das faszinierende Newgrange viele Rätsel auf. Das jungsteinzeitliche Hügelgrab im County Meath strahlt eine ungeheure Kraft aus, der sich niemand entziehen kann. Nach einem Besuch zieht man verändert von dannen, sprachlos und tief beeindruckt.

und Tod, Wachsen, Gedeihen und Vergehen, die Jahreszeiten, der Lauf der Sonne und des Mondes, all das wird hier in Newgrange lebendig und greifbar.

Das gälische Wort *Teamhair* bedeutet schlicht »Erhebung, Hügel«. Tea ist aber auch der Name für die Göttin der Milesier, die in Tara gelebt haben. Sie soll hier begraben liegen. Fest steht jedenfalls, dass der Ort nordwestlich von Dublin in der Geschichte und Mythologie Irlands den ersten Platz einnimmt. Heimat der Druiden, Burg der irischen Hochkönige, Sitz der Götter, letzte Ruhestätte des Elfenvolkes Túatha Dé Danann, Kultort der Göttin Maeve, die Liste ließe sich beinahe unendlich fortsetzen. Die Bedeutung des Hill of Tara reicht bis in die Jungsteinzeit zurück, heute sieht man noch einen ellipsenförmigen Erdwall, der zwei Ringfestungen und ein Hügelgrab einschließt. Cormac mac Airt regierte hier im 3. Jahrhundert. Er veranstaltete jeden Herbst ein großes Fest, zu dem alle kamen, die zu jener Zeit Rang und Namen hatten. Ein Vorbild für Camelot und die Artus-Sage? Wer weiß das schon, eines bestätigt sich aber am Hill of Tara erneut: Der größte Zauber wohnt in den unscheinbaren Dingen, beim Namen der großen Tea!

Eng mit Tara verbunden ist eine traurige Liebessage, die heute noch beinahe jeder auf der Insel kennt: Diarmuid und Gráinne. Die schöne Gráinne, Tochter von Cormac mac Airt, wurde dem heldenhaften Krieger Fionn mac Cumhaill zur Frau versprochen. Als sie den alten Kämpfer am Verlobungsfest in Tara sah, ergriff sie mit dem jungen Diarmuid die Flucht. Sieben Jahr zogen sie, verfolgt von Fionns Zorn, umher, ehe sie sich in Sligo niederließen. Mit der Zeit wurde die Sehnsucht zu Vater und Gefährten zu groß, sie luden alle zu einem Versöhnungsfest ein. Der gehörnte Bräutigam erdachte eine List und ließ Diarmuid auf einen wilden Eber treffen, der ihn im Kampf tödlich verwundete. Fionn bereute seine Tat und bestattete den Widersacher in Brú na Bóinne, wo er in der Anderswelt mit ihm Zwiesprache halten und seine schreckliche Tat sühnen konnte.

»Die Sinne sind die Schwellen der Seele … das Schönste, was wir überhaupt besitzen, ist unsere Sehnsucht.«

John O'Donohue, *Anam Cara – Das Buch der keltischen Weisheiten*

Himmlisches

Kirchen, aber auch Steinsäulen streben in ihrer Architektur
himmelwärts, da bildet die Church am Hill of Tara keine
Ausnahme. Der Turm der Kirche reckt sich in den Himmel wie
die Kreuze und Säulen in der Klosterruine von Monasterboice.

AN DER OSTKÜSTE ENTLANG

Geschichtliches

Die älteste Zisterzienserabtei Irlands, Mellifont Abbey, geht auf
das 12. Jahrhundert zurück und liegt nur wenige Kilometer
westlich von Drogheda. Ihr Brunnenhaus ist zugänglich, die
Grabhügel in Newgrange und die keltischen Steinzeichen bleiben
für uns rätselhaft. Von einem mächtigen Grabplattenstein
geschützt, betritt man das Innere der Anlage und damit eine
geheimnisvolle Welt.

Wege zum GLÜCK

~

TAUCHGANG MIT CHRISTLICHEN BRÜDERN

Drogheda gilt zwar nicht als die größte Schönheit unter den irischen Städten, aber bekanntlich blühen ja die seltensten Blumen im Verborgenen. Die lebendige Einkaufsstadt am Mündungsarm des River Boyne hält mit dem Scholars Townhouse Hotel ein besonderes Schmuckstück bereit, in dem man den Alltag hinter sich lassen und tief in die Geschichte der Christian Brothers eintauchen kann. Und das im wahrsten Sinne des Wortes, denn das heutige Boutique-Hotel der Familie McGowan wurde 1867 als Kloster errichtet und diente als Konvent und Schulgebäude. Hier unterrichtete John Philip Holland Mathematik und Musik. John wer? Nun, der 1841 im County Clare geborene Sohn eines Leuchtturmwärters war nicht nur ein begnadeter Mathematiker, sondern auch Ingenieur. Während seiner Zeit in Drogheda erfand er eine mechanische Ente, die im Garten umherlaufen, schwimmen und tauchen konnte. 1873 verließ John Phillip Holland Irland, um aus seinen Plänen und Studien in Amerika das erste funktionierende Unterseeboot, die Fenian Ram, zu bauen.

Dublin, Stadt am Liffey

VON LITERATEN UND GUTEN GEISTERN

Erquickendes

Selbst ohne Rugby oder eine gälische Sportart wie Hurling oder Gaelic Football zu betreiben, macht ein Spaziergang zu Dublins Denkmälern durstig. In der Church Bar, einer ehemaligen Kirche, kann man Hunger und Durst löschen und einen Toast erbringen auf Molly Malone, eine reizende Dubliner Fischverkäuferin, die jung an Fieber verstarb.

DURST NACH MEHR

Der Beginn der Reise hätte nicht schlechter sein können: Ankunft am Dublin Airport abends um zehn. Elf Stunden verspätet, weil die Anschlüsse in Kontinentaleuropa nicht funktioniert haben. Treff- und Zeitpunkt verpasst, Weiterfahrt offen, nach 16 Stunden auf Bahn- und Flughäfen sinkt die Laune gen Gefrierpunkt. Selbst die Aussicht auf ein frisch gezapftes Guinness hilft da nicht mehr. Bis Sean auftaucht ... mit einem Schild um den Hals und breitem Grinsen im Gesicht: »Are you the German guy who came by *Postkutsche*?« Ja, der bin ich und nicht gerade zu Scherzen aufgelegt. Doch Seans Lachen ist so herzlich wie aufmunternd und die schlechte Laune weicht bald der Erkenntnis: Stell' dir vor, du wärst in einer anderen Stadt auf einer anderen Insel gelandet, dann hättest du ein Problem. Jetzt bist du zu Hause.

Unweigerlich erfasst einen diese Welle der Sympathie. Das ist keine Einbildung eines Irland-Romantikers, der sich das Land und seine Menschen schönredet. Das sind Bilder und Begegnungen, die jeder erleben wird, der seinen Fuß auf die Insel setzt. Dublin samt Umgebung ist mit einer Million Einwohnern groß geworden und dennoch klein geblieben. Es will kosmopolitisch erscheinen und bewahrt trotzdem irische Traditionen. Eine davon ist die Wertschätzung seiner Schriftsteller, und so verwundert es nicht, dass man in Dublin überall auf die Spuren großer Literaten wie James Joyce, Bram Stoker, Samuel Beckett, Oscar Wilde oder Seamus Heaney trifft. Bis heute gilt Dublin als eine Art »Club der unsterblichen Dichter« – schließlich trägt sie wie nur sieben weitere Städte in der Welt den UNESCO-Titel *City of Literature*. Und Dublin hat ihn verdient. Viele Wohnhäuser kann man auf einem literarischen Spaziergang entdecken, die ein blaues Schild mit dem Namen eines Dichters schmückt, der es einst bewohnte.

Leidenschaftlich wird es im wahrsten Sinne des Wortes, wenn am 16. Juni der Bloomsday gefeiert wird. Dann ist die ganze Stadt auf den Beinen, um James Joyce und seinen Jahrhundertroman *Ulysses* zu ehren, der diesen einen Tag im Leben des Leopold Bloom schildert. »Ich schreibe immer über Dublin, denn wenn ich zum Herzen von Dublin vordringen kann, kann ich zum Herzen aller Städte der Welt vordringen«, sagte einmal James Joyce, den Zeit seines Lebens eine Art Hassliebe mit seiner Geburtsstadt verband. Gestalten der Halbwelt tauchen im Roman auf, Spelunken und Freudenhäuser sind Hauptschauplätze; hier findet Bloom, der moderne Odysseus, das Herz Dublins.

Im Trubel der Gegenwart erscheint die Stadt freundlich und hell, nicht nur in Vorzeigestadtteilen wie Temple Bar, Smithfield Village, rund um St. Stephen's Green oder im Phoenix-Park, einer der schönsten innerstädtischen Parkanlagen in Europa. Und sollte es draußen einmal ungemütlich werden, ab und zu regnet es natürlich auch in Dublin,

»Waren die Nachtwolken da eigentlich schon die ganze Zeit?
Sieht aus wie ein Geisterschiff. Nein. Warte mal. Das sind ja Bäume.«

James Joyce, *Ulysses*

schlüpft man in einen Pub wie die 300 Jahre alte O'Neill's Bar zwischen Trinity College und der Einkaufsmeile Grafton Street und wartet bei einem Durstlöscher und einem Schwätzchen auf die nächsten Sonnenstrahlen.

Die Hauptstadt der Republik Irland hat sich zu einer europäischen Metropole ersten Ranges entwickelt. Weltstadtambiente mischt sich mit nationalem Selbstbewusstsein und regionalem Charme. Auch für an Sporttraditionen interessierte Reisende hat die Metropole am River Liffey eine Menge zu bieten. So kann man im nördlichen Stadtteil Drumcondra den ehrwürdigen Croke Park besuchen, Sitz und Stadion der GAA Gaelic Athletic Association und Sportmuseum zugleich, das weit mehr bereithält als die übliche Stadionführung, Trophäensammlung und Helden-verehrung. Hier erfährt man in interaktiven, lebendig gestalteten Ausstellungen alles über die traditionellen irischen Sportarten wie Hurling und Gaelic Football, die noch heute fester Bestandteil des irischen Nationalgefühls sind. Nirgendwo auf der Welt wird man so herzlich empfangen wie in Irland. Eine kühne Behauptung, ich weiß. Aber die eingangs beschriebene Szene hat sich nicht nur genau so abgespielt, sie ist eher die Regel als eine Ausnahme. Man spürt in Dublin sehr schnell, dass die Iren ein bisschen stolz sind und sich wirklich darüber freuen, dass man sie besucht. Und das nicht nur aus materiellen Gründen. Die Hauptstadt der Republik macht Durst nach mehr. Und sie hat so viele Facetten, dass man immer wieder Neues entdecken kann. Mit und ohne Sean.

Leuchtendes

Die bunten Reklamen im Vergnügungsviertel Temple Bar ziehen Einheimische wie Touristen gleichermaßen an. Wer nördlich des River Liffeys wohnt, bekommt von der Ha'penny Bridge des Nachts den Weg nach Haus geleuchtet.

Wie eine Harfe schwingt sich die
Beckett Bridge über den Liffey in den
Dubliner Docklands.

›› Hast Du schon mal einen Geist gesehen? Siehst du, aber ich. Es war pechschwarze Nacht. ‹‹

James Joyce, Ulysses«

»Als die Augen die sinkende Sonne erblickten, wich der Ausdruck
des Hasses aus ihnen und sie leuchteten in wildem Triumph.«

Bram Stoker, *Dracula*

Auf den Spuren Draculas: Um Herzen, Obsessionen und die Faszination der Nacht geht es auch in einem anderen Roman der Weltliteratur, den ein weiterer Sohn Dublins geschrieben hat und der zum meistverkauften Buch weltweit nach der Bibel geworden ist: Abraham Stokers *Dracula*. Selbst viele Iren halten Stoker (1847–1912) für einen englischen Autor, wissen nicht, dass er in Clontarf geboren wurde, jenem geschichtsträchtigen Vorort Dublins, den man besuchen sollte. Allein The Casino in Marino ist eine Besichtigung wert, zählt es doch zu den schönsten neo-klassizistischen Gebäuden des 18. Jahrhunderts in Europa. Entworfen wurde es von Sir William Chambers für seinen Freund James Caulfield, den 1. Earl of Charlemont, ein wegen seiner Hässlichkeit berühmter Mann, der sich hier seinen Traum von Ästhetik errichten ließ. Was in übrigens finanziell ruinierte, Caulfield starb 1799, völlig verarmt. Die »Spielhölle am Meer« hat ihm seinen Reichtum genommen. Die Bucht, an dem das Casino einst stand, ist inzwischen trockengelegt, doch sie bot Bram Stoker Inspiration für seinen Gruselroman. Was Dennis McIntyre, der Gründer Stoker's Dracula Organization, auf seinen geführten Rundgängen zu den Plätzen Stoker'scher Jugend überaus eindrucksvoll belegt. Im Marino Crescent 15 in Clontarf wurde er geboren, die rote Tür ist und bleibt allerdings verschlossen, die heutigen Besitzer wollen so gar nichts mit Stoker zu tun haben.

Literarisches

Dublin, die Stadt der Literatur, huldigt ihren Dichtern überall. Auch gelesen wird überall. Ob Oscar Wilde oder James Joyce, im Temple-Bar-Viertel oder in Clontarf, ein Buch gehört zum guten Ton und darf nicht fehlen. Nur über das Wetter zu reden, wäre ja eintönig.

Hügeliges

In den Wicklow Mountains ragt die Klosteranlage von Glendalough wie ein ewiges Licht aus den Wäldern und Hügeln heraus. Der Rundturm ragt über 30 Meter in die Höhe und ist Orientierungspunkt für zahlreiche Wandermöglichkeiten rund um den See und die faszinierende Anlage.

Wicklow Mountains National Park

UNTERWEGS NACH GLENDALOUGH

AUF DEN SPUREN DES HEILIGEN KEVIN

Die Zeiten, als Irland noch mit Wäldern voller Eichen, Buchen, Birken und Kiefern bedeckt war, sind längst vergangen. Durch Rodungen für Holzkohleverarbeitung, Schiffe und Fassbau wurden die irischen Wälder rigoros abgeholzt, bis fast nichts mehr übrig blieb. Die heutige Aufforstung geschieht überwiegend unter ökonomischen Gesichtspunkten, schnell wachsende Nadelbaum-Monokulturen für Nutzholz stehen hier und dort wie Tupfer einer fremden Welt. Das verleiht den verbliebenen Waldgebieten, die Jahrhunderte überlebt haben, ihren besonderen Reiz. Ganz besonders trifft das auf die Berge und Täler der Wicklow Mountains südlich von Dublin zu, die in ihrer Abgeschiedenheit und Stille doch eher an die Westküste Irlands erinnern als an die lebhafte Ostküste. Das County Wicklow bietet nicht nur goldfarbene Sandstrände, bewaldete Täler und blanke Seen, sondern mit dem Wicklow Mountains National Park auch eine einsame Gebirgslandschaft, in der es sich wunderbar wandern lässt. Im Glen of Two Lakes, dem »Tal der zwei Seen«, mit der Klostersiedlung Glendalough lohnt es sich ganz besonders, den Geschichten vom Heiligen Kevin nachzuspüren und dabei seinen eigenen Frieden zu finden.

Das County Wicklow wird auf Grund seiner landschaftlichen Schönheit auch »Garten Irlands« genannt. Aber nicht nur zauberhafte Gärten sind hier zu entdecken, auch die vor etwa 400 Millionen Jahren entstandene Berg- und Hügellandschaft der Wicklow Mountains verströmt ihre Reize. Von der Eiszeit tief eingeschnittene Täler wie Glendalough im Osten und die eher sanft geschwungenen Senken im Westen bilden mit den Wiesen und Wäldern eine

harmonische Szenerie, die von Wanderern immer wieder zu ausgedehnten Touren genutzt wird. Der Wicklow Trail, Irlands ältester Fernwanderweg, verbindet auf 132 Kilometern Rathfarnan mit Clonegall. Bis ins vergangene Jahrhundert hinein wurde in den Wicklow Mountains durch den hohen Anteil von Blei, Eisen und Zink im Sedimentgestein auch Bergbau betrieben, vereinzelte Halden und verlassene Stollen sind stumme Zeugen dieser Zeit. Besiedelt wurde das Gebiet schon seit der Jungsteinzeit und auch die frühen Christen schätzten die Einsamkeit der Berge und die Abgeschiedenheit der Täler. Deutlich mehr Betrieb herrscht heute in den Sommermonaten im Besucherzentrum des Wicklow-Mountains-Nationalparks, der im Jahre 1991 eröffnete und rund 20 000 Hektar umfasst. In den Heiden, Wäldern und Mooren fühlen sich seltene und bedrohte

Befreiendes

Die Kirche des Heiligen Kevin ist für viele Pilger ein bewunderter Ort der Meditation und des Gebets geworden. Die große Ruhe in Glendalough, die im Herbst Einkehr hält, hat eine befreiende Wirkung. Freiheit genießen auch die Ponys in den Wicklow Mountains.

Vogel- und Säugetierarten genauso wohl wie der Wanderer, der meditative Stille in dieser faszinierenden irischen Hügellandschaft sucht.

Die Stille, wie sie auch in Glendalough im »Tal der zwei Seen« zu finden ist, hat wohl auch den Heiligen Kevin im 6. Jahrhundert so begeistert, dass er den Ort als geeignet empfand, um sich hier im Einklang mit der Natur als Einsiedler niederzulassen und später eine Klostergemeinschaft zu gründen. Heute ist es nur im Winter ruhig, wenn die Besucher einem der beliebtesten Ausflugsziele auf der ganzen Insel eine Pause gönnen. Aus der einstigen Einsiedelei wurde im frühen Mittelalter ein großes Geisteszentrum, an dem bis zu 3000 Mönche und Gelehrte ihren Studien nachgingen. Erhalten und zu besichtigen sind vor allem die Kathedrale, der Rundturm, das Priesterhaus und Kevin's Kitchen, ein weiterer Rundturm, der ebenfalls als Kirche diente. Die Sagen und Legenden um Kevin sind so vielfältig wie die Landschaft der Wicklow Mountains. Der Heilige

soll derart eng mit den Tieren verbunden gewesen sein, dass ihm die Hirschkühe der umliegenden Wälder ihre Milch gaben, mit der er einen Königssohn aufziehen konnte. Vögel brüteten in seinen zum Gebet ausgestreckten Händen und Otter brachten ihm sein in den See gefallenes Gebetbuch unversehrt zurück. Weniger vorbildlich ging der menschenscheue Eremit mit dem Mädchen Kathleen um, die ein Auge auf ihn geworfen hatte. Er floh in eine Höhle, doch auch dort spürte sie ihn auf. Müde der Nachstellungen, warf er Kathleen in einen See, in dem sie ertrank.

Wenn das jährlich von Anfang Mai bis Ende September stattfindende Wicklow Garden Festival von schönem Wetter gekrönt ist, verwandelt sich die Grafschaft in einen blühenden Traum. Dabei sind natürlich große Namen wie Powerscourt und Mount Usher Gardens vertreten, nicht weniger locken aber auch kleine Gartenperlen wie die Shekina Sculpture Gardens mit mehr als 15 plastischen Werken zeitgenössischer Künstler in Glenmalure.

»Die Welt und die wogende Landschaft schienen Schönheit auszustrahlen, und selbst die Hügel schienen zu atmen. Diese Befreiung …«

Edna O'Brien, *Mein Irland*

»Schon als Kind wuchs ich mit den Powerscourt Gardens auf und verbrachte eine wundervolle Zeit mit Entdeckungen und in einem der faszinierendsten und magischsten Gärten der Welt.«

Alex Slazenger, Head Gardener Powerscourt Gardens

Die Gärten von Mount Usher. Von Anfang Mai bis Ende September wird das Wicklow Garden Festival gefeiert, das die Region in blühende Sommerträume verwandelt. Viele zieht es dann in die berühmten Gärten von Powerscourt House, eine besonders attraktive Gartenanlage wartet auch in Ashford mit den Mount Usher Gardens auf die Gäste. Die neun Hektar große Garten- und Parkanlage um den Vartry River, ab 1875 von Edward Walpole angelegt, zieht Hobbygärtner aus der ganzen Welt an. Sie ist ein ausgezeichnetes Beispiel für eine »Robinsonade«: romantisch,

naturnah, verwildert. Ein Stil, der nichts mit den botanischen, formellen Gärten zu tun hat, die bis dahin in Mode waren. Dementsprechend findet man hier über 5000 Pflanzenarten, exotische Bäume, Sträucher, Hecken und Blumen, die analog zur Gartenphilosophie alle ökologisch herangezogen und erhalten werden. Obwohl Mount Usher so viel unverfälschte Natur bietet und möglichst wenig in den Kreislauf aus Werden und Vergehen eingegriffen wird, fühlt man sich wie von unsichtbarer Hand geleitet auf dem Weg durch das Paradies.

Bewegendes

Ob beim Musizieren, Traditionen pflegen, beim Wappen polieren
oder im Kampf und im Sport, Iren sind immer mit dem Herzen
dabei. Auch die dominikanische Black Abbey in Kilkenny hat eine
bewegte Geschichte hinter sich gebracht, doch aufzugeben ist,
wie bei den meisten Iren, keine Option.

»Where once we watched the small free birds fly – Our love was on the wing –
We had dreams and songs to sing.«

Pete St. John, *The Fields of Athenry*

Umwehtes

Heftige Winde, dann wieder strahlenden Sonnenschein und einen
endlos erscheinenden Himmel findet man überall an Irlands
Küsten, die mit dem Wild Atlantic Way ein Denkmal gesetzt
bekamen. In New Ross liegt die SS Dunbrody, mit der 1840 viele
Iren vor der großen Hungersnot nach Amerika flohen.

Die sonnen-
verwöhnte
SÜDKÜSTE
erleben

VON CORK NACH GLENGARRIFF

Cork, Cobh und Kinsale

~

DREIFACH MARITIMES FLAIR

VON REBELLEN UND FEINSCHMECKERN

In Cork, der zweitgrößten Stadt der Republik, spürt man eine spannende Mischung aus südländischer Lebensfreude mit einem Schuss Rebellentum. Die Stadt hat sich in ihrer Geschichte einen Namen als Widerstandsnest gemacht, noch heute gelten die Corkonians als selbstbewusst, geistreich und witzig. Das stellen sie besonders im Herbst während des Cork Jazzfestivals unter Beweis. Da bleiben kein Auge und keine Kehle trocken. Lokalpatrioten betrachten ihre Stadt als die heimliche Hauptstadt Irlands. Denn Cork ist Kultur pur – von der Oper über Kunst und Jazz bis hin zu einer lebendigen Restaurant- und Pubszene. Ein Streifzug über den English Market in der viktorianischen Markthalle ist der beste Startpunkt, um zur Seele der Stadt vorzudringen – eine wahre Genießerseele. Die Corkonians sind Feinkostspezialisten, schon allein, weil ihnen der frische Fisch direkt vom nahen Atlantik auf die Teller hüpft und die satten Viehweiden des Umlands für hochwertige Lebensmittel sorgen. Die Einwohner sind aber auch Erzählweltmeister, Thea-

Nahrhaftes

Der English Market in Corks Zentrum genießt einen legendären Ruf, hier gibt es nicht nur die frischesten Lebensmittel, sondern auch Probierstände mit Gourmetcharakter. Das war in vergangenen Zeiten nicht immer so; trotz der Fischerboote und ihren Fängen herrschte manchmal große Hungersnot. Annie Moore war die erste irische Immigrantin, die mit ihren Brüdern über Ellis Island in die USA einwanderte.

terfans, Opernliebhaber, ihr Fußballclub Cork City spielt in der höchsten Liga Irlands und das Cork Jazzfestival im Oktober gilt als facettenreicher, sinnlicher Höhepunkt für die Freunde der irischen Musikwelt.

Cork City scheint tatsächlich zu schwimmen zwischen Hafenmauern, Kanälen und den 128 Brücken über den mäandernden River Lee. Immer hält die Stadt Kontakt zum Ozean. Gut orientieren kann man sich in ihrem Netz aus Kanälen an der Hauptader St. Patrick's Street, die selbst einmal als Wasserstraße vom Atlantik ins Herz der alten Handelsstadt führte. Hier kam halb Europa zusammen – die ersten Wikinger steuerten ihre Langschiffe vom Atlantik den Fluss hinauf, beladen mit Handelsgut und Münzen,

holländische Seefahrer brachten ihre Fertigkeiten in Handel und Bankgeschäften mit, französische Hugenotten etablierten das Silberhandwerk und eine kleine jüdische Gemeinde kümmerte sich um Literatur und Kunst.

Welch große Rolle gerade die Kunst für die Entwicklung und das Selbstbewusstsein Corks gespielt hat und immer noch spielt, zeigt die Crawford Gallery in einem alten Handelshaus im Zentrum. Mit einer großartigen Sammlung irischer Meister des 18. bis 20. Jahrhunderts ist die ehrwürdige Kunsthalle ein Kaleidoskop der irischen Geschichte. Die Fortsetzung folgt mit junger Kunst in einer ganzen Kette von Galerien entlang des River Lee. Immer ist der Blick in dieser Stadt auf die Welt gerichtet. Corks Opernhaus gilt

Kunstvolles

In Cork zeigt die Crawford Art Gallery in interessanten Dauer- und Wechselausstellungen Klassiker genauso wie Pioniere der Moderne. Dazu gibt es Lesungen, Führungen und Seminare. Nicht weniger kunstvoll stellen sich die Häuser entlang des River Lee in ihrer abwechslungsreichen Farbgebung zur Schau.

als eine der besten Opernschmieden Europas. Im Opernhauscafé oder dem English Market nimmt man auch gerne seinen Lunch ein und es bestätigt sich noch einmal der Genussfaktor, der in Cork an keiner Stelle zu kurz kommt.

Wer der traurigen Geschichte der über zwei Millionen irischen Auswanderer nachspüren will, begibt sich ins kleine Städtchen Cobh auf Great Island, dem vorgelagerten Hafen in der Bucht von Cork. Das berühmteste Schiff, das hier jemals ankerte, war im April 1912 die Titanic; ihr letzter Halt, bevor sie am Eisberg zerschellte. In der unvermeidlichen Titanic Bar direkt am Pier gibt es viele Erinnerungen an den »Hafen der Tränen«, denn von hier aus verließen während der Hungersnöte Zehntausende Iren ihre Heimat. Das sehenswerte Heritage Center nebenan im umgebauten alten Bahnhof von Cobh zeigt eine ergreifende Multimediashow zur Geschichte von Queenstown, wie Cobh bis zur Unabhängigkeit 1921 hieß. Das Denkmal von Annie Moore und ihren beiden Brüdern direkt am Hafen erzählt davon,

wie die Kinder am 20. Dezember 1891 auf der SS Nevada Irland verließen, um als erste akzeptierte Einwanderer am 1. Januar 1892 das neue amerikanische Imigration Center auf Ellis Island zu passieren.

Den besten Einstieg in die irische Kochkunst findet man in Kinsale. Das hübsch herausgeputzte Hafenstädtchen mit seinen verwinkelten Gassen, den reetgedeckten Häusern und zahlreichen traditionellen Pubs und Restaurants versprüht das Flair eines mondänen Seebades, in dem sich die High Society versammelt. So treffen sich denn auch im Yachthafen die neuesten Cruiser aus aller Welt, internationales Publikum ist hier genauso zu Hause wie viele Künstler und Kunsthandwerker, die hoffen, ihr Glück zu finden. Die gelungene Mischung aus urigen Pubs, modernen Boutiquen, Galerien und Kunsthandwerksläden findet in der Restaurantszene ihre Entsprechung: Vom Gourmettempel bis zum einfachen, aber feinen Fischlokal reicht in Kinsale das Restaurantangebot.

»Doch jedes Mal, wenn es Fisch gibt, fragt mich meine innere Stimme: ›Ned McCarthy, bist du ein Mann oder eine Möwe?‹«

Frank O'Connor, Und freitags Fisch

MARTIN UND DAS FISHY FISHY

Wege zum
GLÜCK

~

MARTIN UND DAS FISHY FISHY

Fisch ist nicht gleich Fisch, doch spätestens im Restaurant Fishy Fishy stellt man fest, welches kulinarische Spektrum die unterschiedlichen Meeresbewohner eröffnen. Da kommen Geschmacksvariationen zum Vorschein, die einem das Wasser im Munde zusammenlaufen lassen. Wie der Name schon sagt, dreht sich im Fishy Fishy in Kinsale alles nur um Meeresfrüchte und ihre kreative Zubereitung. Martin Shanahan verarbeitet die von den örtlichen Fischern frisch aus dem Meer gezogenen Fische in einem Terrassenrestaurant am Hafen, das, da sind sich die Gourmetpäpste ausnahmsweise einmal einig, zu den besten Fischrestaurants in Irland gehört. Bei durchaus moderaten Preisen – und so stehen Einheimische wie Besucher auch an Wochentagen schon mal Schlange, um einen Tisch zu ergattern. Das Restaurant selbst ist geschmackvoll und dezent eingerichtet, nichts lenkt vom Wesentlichen ab. Probieren Sie Shellfisch in Kinsale-Bier, Lachs über Eichenholz geräuchert, selbst der Fishy Fishy Pie ist ein Gedicht.

Sherkin Island und Garinish Island

TRAUMHAFT SCHÖNE INSELN

AUSFLÜGE INS GLÜCK

Knapp fünf Kilometer lang, anderthalb Kilometer breit, nur rund 100 Einwohner, aber noch immer eine eigene Schule: Sherkin Island stemmt sich gegen das Vergessen. Man zweifelt zuerst, ob sich die Überfahrt lohnt. Am besten, man wirft sogleich alle Zweifel über Bord, denn Sherkin Island ist ein Traumort, an dem die Uhren anders ticken. Zeitmessung scheint hier ein Fremdwort, der Lebensrhythmus wird von der mehrmals täglich anlegenden Fähre von Baltimore mitbestimmt und von den vielen Möglichkeiten, mit Nachbarn oder Besuchern ein Schwätzchen zu halten. Die Insel war der Stammsitz des O'Driscoll-Clans, noch heute thront ihr Castle über der Pier, auf der anderen Seite grüßen die Überreste eines Franziskanerklosters aus dem

Verträumtes

Es gibt eine große Anzahl kleiner Inseln an der irischen Südwestküste, bewohnt und unbewohnt, die eine traumhafte Ausstrahlung besitzen. Auf Garinish Island findet man im Italian Garden ein südländisch anmutendes Flair, die Harbour Queen trägt zum romantischen Erscheinungsbild bei. Sherkin Island ist ein wenig rauer, aber nicht minder charmant.

15. Jahrhundert. Drei wunderschöne Sandstrände wie der Silver Strand, geschützte Buchten, kaum Verkehr und einsame Wanderwege machen die Insel zu einem kleinen Paradies. Manche Künstler suchen hier Ruhe, Erholung und Inspiration. Früher oder später trifft jeder Besucher Dolly O'Reilly, die hier geboren wurde und einen lesenswerten Führer zur Lokalgeschichte geschrieben hat. Von ihr erfährt man alles über das Inselchen und zu jedem, der mit Sherkin Island etwas zu tun hat. Zweifelsohne erkundigt man sich nach einer Ferienunterkunft und studiert auf der Rückfahrt schon einmal den Fahrplan der Fähre, denn sicher wird man wiederkommen nach Sherkin Island.

Die Harbour Queen bringt ab März die ersten Gäste von Glengarriff nach Ilnacullin, zur Garinish-Island-Gartenanlage, die mit unaufdringlichem Charme und seltener Ästhetik die Gäste verzaubert. Die Erde duftet wie ein Kräutergemisch, riesige Farne werfen ihr Taukleid ab und strecken ihre Fächer in den wolkenverhangenen Himmel. Der geschützte Hafen von Glengariff wird vom warmen Golfstrom tangiert, daher wachsen auf der Insel, die als Garinish auf der Karte steht, von alters her aber Ilnacullin heißt, imposante Bäume und Sträucher aus der ganzen Welt. Ein italienischer Garten, die griechische Tempelanlage, ein Dschungel und das »Tal des Glücks« mit einem unvergleichlichen Rhododendren-Reichtum bieten auf 15 Hektar Fläche Flora und Landschaftsarchitektur von beeindruckender Schönheit. Ilnacullin hatte bis ins 18. Jahrhundert hinein keine historische Bedeutung, die älteste Sehenswürdigkeit der Insel ist der noch vollständig erhaltene Martello-Turm, den die Briten Anfang des 19. Jahrhunderts als Wehranlage gegen eine befürchtete napoleonische Invasion errichteten. Von seiner Spitze aus hat man einen herrlichen Blick über die zerklüftete Küstenlandschaft und kann sich gut vorstellen, welche Qualen der irische Freiheitskämpfer Wolfe Tone 1796 litt, als er mit Unterstützung der Franzosen und einiger Kriegsschiffe Bantry Bay erreichte, wegen heftiger Stürme

»Was wir brauchen, sind ein paar verrückte Leute; seht euch an, wohin uns die Normalen gebracht haben.«

George Bernard Shaw

aber nicht an Land gehen konnte. Damals war Ilnacullin nichts weiter als ein Stück öder Felsen, bewachsen mit Ginster und Heide auf einigen Torfflecken.

Im Jahre 1910 kaufte Annan Bryce, ein Parlamentsabgeordneter aus Belfast, die Insel vom britischen Kriegsministerium. Der Naturliebhaber baute sich ein Haus und begann mit dem Landschaftsarchitekten Harold Peto, großzügige Gärten anzulegen. Felsenstücke wurden gesprengt, vom Festland aus Humus herübertransportiert und ein Windschutz aus Nadelbäumen gepflanzt. Peto war ein Verfechter des klassischen, italienischen Gartenstils und davon überzeugt, dass sich dieser mit den damals vorherrschenden wilden Parks kombinieren ließ. Auf Ilnacullin hat er ein Meisterwerk geschaffen, das orientalische und südländische Pflanzenwelt, dschungelartige Vegetation und dichte Waldareale harmonisch miteinander verbindet. Architektoni-

sche Details wie der Uhrenturm, der kleine Tempel, das Teehaus oder Säulen aus Bath-Stein, Marmor aus Carrara, von der Insel Skiros und aus Connemara ergänzen das Gesamtbild. Nichts Lautes, Übertriebenes stört das Spiel der Natur, die Hand des Menschen bleibt im Hintergrund – das macht den Zauber von Ilnacullin aus.

Eine Zypressenallee führt hinauf zum griechischen Tempel, von dem aus man übers Meer und die Caha-Berge schaut. Japanische Pinien und hängende Harzeiben – der empfindliche Baum aus Tasmanien wächst nur an wenigen Plätzen der Erde – geraten hier zu Triumphen der Gartenkunst. Vorbei an Baumfarnen aus Neuseeland führt der Weg hinauf zum Martello-Turm, dem höchsten Punkt der Insel. Diesen Panoramablick liebte auch George Bernard Shaw, der 1923 als Gast der Familie Bryce auf Ilnacullin weilte und an seiner Tragödie *Die heilige Johanna* schrieb.

Abendliches

Zugegeben, Sonnenuntergänge haben überall ihren Reiz. An der Clonakilty Bay fallen sie besonders farbenprächtig aus. Auch die Ruinen der Franziskanerabtei auf Sherkin Island haben eine magische Ausstrahlung, wenn am Nachmittag die Schatten länger werden.

In Bantry House finden im Sommer zahlreiche klassische Konzerte vor traumhafter Kulisse statt.

>> Der *Nachmittag*

brannte sich in Berge *ein* ...<<

Geraldine Mills, The Weight of Feathers

DIE SONNENVERWÖHNTE SÜDKÜSTE ERLEBEN

Elegantes

Bantry House besitzt in seinen Innenräumen und in den
weitläufigen Gärten eine Eleganz, die von der idyllischen Lage an
der gleichnamigen Bucht unterstützt wird. In den Boutiquen in
Clonakilty kann man so manches schicke Schnäppchen machen;
der Oldtimer Ford T Touring von 1923 bleibt für die meisten
unerschwinglich.

Glengarriff

MUSIK LIEGT IN DER LUFT

Entspanntes

In Glengarriff kann man das Leben genießen, denn das warme Klima verwöhnt Bewohner und Gäste mit viel Sonnenschein. Wenn Robert Fell auf seiner Uilleann Pipe, dem irischen Dudelsack, aufspielt, tanzen sogar die Kormorane.

ERINNERUNG AN JIM DOWLING

Die Halbinsel Beara bildet die Grenze zwischen den Countys Cork und Kerry. Malerische Dörfer, grüne Täler und karge Felskuppen machen die Gegend zu einem idealen Wandergebiet, das mit dem Beara Way einen 200 Kilometer langen Fernwanderweg ausweist, auf dem man im Frühjahr oder Herbst oft tagelang keiner anderen menschlichen Seele begegnet. Er führt von Glengarriff über Castletownbere bis nach Kenmare in Kerry und zählt zu den schönsten Trekkingstrecken in ganz Irland. Wer es noch abenteuerlicher mag, fährt mit einer Seilbahn hinüber nach Dursey Island und geht mit den Vögeln wandern. Die nur sechs Kilometer lange und anderthalb Kilometer breite Insel Dursey am Zipfel der Beara-Halbinsel verbindet Irlands einzige Seilbahn mit dem Festland. Man sollte schwindelfrei sein für die Überfahrt, 30 Meter über dem Dursey Sound, oder jene Gemütsruhe an den Tag legen wie die Schafe, die in der kleinen Kabinenbahn Vortritt genießen. Die wenigen älteren Menschen, die auf dem kahlen Eiland ausharren, werden wohl die letzten sein. Dann gibt es nur noch Vögel, Schafe und gelegentlich ein paar wagemutige Reisende, die einmal am Ende der Welt übernachten wollen. Paddy O'Sheehan bedient die Seilbahn, Rosarie O'Neill vermietet ein Cottage auf Dursey Island. Wer etwas Abstand von der Welt braucht, ist auf dieser Insel genau richtig.

In Glengarriff geht es dagegen etwas lebhafter zu, kein Wunder, hat sich der Ort doch zu einem Touristenziel für das ganze Jahr gemausert. Durch den Golfstrom mit einem besonders milden Klima verwöhnt, gedeiht hier eine fast subtropische Vegetation. Die milde Meeresbrise verhindert seit über 30 Jahren jeglichen Frost. Glengarriff gilt außerdem als Tor zur Halbinsel Beara; bevor man sich aber auf den Beara Way und in die Caha Mountains begibt, sollte man am Hafen eines der kleinen Boote besteigen und nach Garinish Island übersetzen, denn hier befindet sich einer der zauberhaftesten Gärten im ganzen Südwesten. Feuchtes Moos dampft in der Bantry Bay über grauen Felsbrocken, die aus dunklen Gewässern ragen. Vereinzelte Sonnenstrahlen durchbrechen die Wand aus Wasser und Nebel, Seehunde strecken ihren Kopf aus dem Wasser und blinzeln herüber zum Hafen von Glengarriff. Ist der Winter schon vorbei? Den gibt es hier eigentlich gar nicht mehr, dafür hat auf Ilnacullin im September 2015 das Bryce House seine Tore für Besucher geöffnet, die dadurch einen umfassenden

Geruhsames

Am Ende eines Regenbogens soll ja bekanntlich ein Schatz vergraben sein. Das stört die Seehunde in der Bantry Bay auf ihren felsigen Sonnenplätzen wenig, soll doch tauchen oder Graben wer will. Zudem haben sie mit den Ausflugsbooten der Touristen genügend Unterhaltung ohne Anstrengung, wozu also sich bewegen?

Einblick in das Leben und Werk der einstigen Inselbesitzer-Familie Bryce erhalten.

An einen weiteren berühmten Mann erinnert Glengarriff jedes Jahr im Juni, wenn das Jim Dowling Uilleann Pipe & Trad Festival gefeiert wird. Eine gute Gelegenheit, um tief in die Welt der irischen Musiktraditionen einzutauchen und zu erleben, wie eine Kleinstadt während ein paar Tagen Kopf steht. Es gibt Workshops, Sessions, Anfänger- und Meisterklassen und unzählige Konzerte mit den großen Namen der irischen Musikszene. In Bars, Pubs, Hotels, Cafés und an jeder Straßenecke wird gepfiffen und gefiedelt, was das Zeug hält. Das alles in Erinnerung an Jim Dowling, der viel für die traditionelle Musik auch in West Cork geleistet hat. Jim wurde 1938 in Dublin geboren und arbeitete bis zu seinem 31. Lebensjahr für die Guinness-Brauerei. Er gehörte zu einer Gruppe junger Dudelsackspieler, die der legendäre Leo Rowsome ausbildete. Zu jener Zeit wurde die traditionelle irische Musik in die Hinterhöfe verbannt, bis sich 1951 das Committee of Cumann Ceoltóirí na hÉireann gründete, als dessen Sekretär Jim über zwölf Jahre wirkte. In dieser Funktion trug er die *uilleann pipe*, die »Ellbogen-Pfeife«, und ihre Melodien und Songs durch die Welt, bis er sich 1969 in Glengarriff niederließ. Auch hier setzte er sich unermüdlich für den Erhalt und die Pflege der traditionellen Musik ein, veranstaltete Sessions in der Bar des Dowling's Caravan Park, die Musiker von nah und fern anzogen. In West Cork bestand im Laufe der irischen Geschichte schon immer eine große Liebe zum Dudelsackspiel, die mit dem Jim-Dowling-Festival mit neuem Leben erfüllt wird. Die Musikwoche erinnert auch an den blinden Geiger Tom Kennedy und an den Dudelsackspieler und Musikgelehrten Canon James Goodman, der über 2000 Melodien sammelte und niederschrieb. Das beeindruckende Werk bewahrt die Bibliothek von Dublins Trinity College unter dem Titel »The Tunes of the Munster Pipers« bis heute. Jim Dowling starb 2008.

»For the good are always the merry, save by an evil chance, and the merry love the fiddle, and the merry love to dance …«

William Butler Yeats, The Fiddler of Dooney

Wege zum
GLÜCK

~

JIMS KAFFEEHAUS STILLT SEHNSÜCHTE

Egal, ob man Tee oder Kaffee bevorzugt, beide Getränke umschmeicheln unsere Seele, wenn sie gut gemacht sind. Auf den irischen Tee freue ich mich, weil er in der Regel würzig und kräftig daherkommt, mit oder ohne Milch gut mundet und durch das weiche irische Wasser eine sanfte Komponente erhält. Doch spätestens am frühen Nachmittag meldet sich dann mein Kaffeeteufelchen und verlangt nach seinem Recht. Was hier in der Regel als Kaffee bezeichnet wird, jene Mischung aus Filter-Pulver-Americano-Gebräu,

beleidigt jedoch die Geschmacksnerven. Selbst in Lokalen, die eine sündhaft teure Espressomaschine hinter dem Tresen stehen haben, fragt man sich, wie solch ein Produkt herauskommen kann. Nichts für ungut, es gibt auch positive Ausnahmen: Wer im Südwesten unterwegs ist und Kaffeelust verspürt, findet in Glengarriff in Jim's Coffee House bei Aine Dowling Erlösung und ein Lächeln dazu, »yes, it's real coffee«. Und danach behauptet keiner mehr, die Iren können keinen Kaffee kochen.

Durch die irischen

MIDLANDS

❧

ATHLONE, KILBEGGAN, KEADUE

Beflügelndes

Wer am Abend auf dem River Shannon in seinem Hausboot
nächtigt, dessen Träume werden verzaubert vom Kreischen
der Möwen und dem sanft schaukelnden Wasser.
Straßenmusikanten und der wahrscheinlich älteste Pub Irlands
beflügeln die Fantasie.

Athlone und Clonmacnoise

SHANNON, EIN WINTER-MÄRCHEN

MAGIE EINES FLUSSES

Irland im Winter ist eine Entdeckung. Traditionelle Werte
wie Geschichtenerzählen und Zeit für den anderen geben
dem Besucher Raum für Erholung und Entschleunigung.
In den Countys Offaly, Roscommon und Westmeath, die
das Herz des irischen Binnenlandes bilden, findet man dazu
ausreichend Gelegenheit und erfährt dabei viel über Traditionen und das Leben im Gestern und Heute. Im Zentrum
steht dabei Irlands mit 370 Kilometern längster und was-
serreichster Fluss, der Shannon.

Die rund 15 000 Einwohner zählende Kleinstadt Athlone liegt am südlichen Ende des Lough Ree, etwa 130 Kilometer von Dublin entfernt. Athlone ist ein Verkehrsknoten-
punkt und seit vielen Jahrhunderten der wichtigste Übergang
über den Fluss Shannon. Die Stadt hat heute besondere
Bedeutung für die touristische Shannon-Schifffahrt, sie
befindet sich gerade in einem wirtschaftlichen Aufschwung.
Der westliche Teil liegt im County Roscommon, der größere
östliche Teil im County Westmeath, doch das interessiert

hier kaum jemanden. Athlone gibt sich selbst im Winterhalbjahr geschäftig, es wird gebaut, renoviert, modernisiert, eine deutlich spürbare Aufbruchstimmung liegt über der Stadt und verleiht ihr einen sympathischen Charakter. Athlone ist darüber hinaus der geografische Mittelpunkt Irlands und damit ein geeigneter Standort für eine Reise entlang des Flusses, der in dieser Jahreszeit ruhig und majestätisch dahinfließt. Hier lohnt sich ein Rundgang auf den Spuren des berühmten Sohnes der Stadt, John Count McCormack (1884–1945). Der Tenor war nicht nur in Amerika, sondern auch auf den Opernbühnen Europas ein gefeierter Star. Auch Athlone Castle sollte man besichtigen; die normannische Burg wurde 2013 in ein erlebenswertes Museums- und Besucherzentrum verwandelt, das mit moderner Prä-

sentation die bewegte Geschichte der Stadt zum Leben erweckt. Besonders der Ausstellungsbereich über die große Belagerung Athlones von 1691 als Anhänger des protestantischen Königs Wilhelm von Oranien gegen die Jakobiten, den Unterstützern des entthronten katholischen Königs James von England, kämpften, wird hier audiovisuell ergreifend dargestellt.

Nur ein paar Meilen weiter südlich liegt ein friedlicher Klosterort am Fluss: Clonmacnoise, im Jahre 548 vom Heiligen Ciarán am Ufer des River Shannon gegründet, gehört zu den am besten erhaltenen Klöstern Irlands. Seine exponierte Lage war zugleich auch seine Achillesferse, doch trotz zahlreicher Überfälle spielte es für über tausend Jahre eine entscheidende Rolle im christlichen Irland. Seine Hoch-

Fließendes

Der River Shannon fließt in der Regel gemächlich vor sich hin, bildet an der Klosteranlage Clonmacnoise einen perfekten Hintergrund für die mittelalterliche Szenerie um die einzigartige Klosteranlage im County Offaly. Die Ruinen entlang der Gewässer sehen umso romantischer aus.

kreuze sind wichtige Zeugnisse des Glaubens und der hohen Handwerkskunst des 8. und 9. Jahrhunderts. Sanfte Hügel, kleine Inseln im Fluss, Wiesen, überzogen mit blühenden Blumen im Sommer und Raureif im Winter, und große Granitsteine, die an vielen Stellen die Grasnarbe durchbrechen, kennzeichnen die Landschaft. Fische, die in der Abendsonne nach Mücken springen und ein leichter Wind, der die Blätter der Laubbäume zum Rascheln bringt: Wohl keine andere Landschaft hat dem Heiligen Ciarán so gefallen und seine Seele berührt wie die sanften Hügel rund um Clonmacnoise im County Offaly. Und noch heute wird man hier von der Schönheit der Natur um den ruhig dahingleitenden River Shannon überwältigt. Clonmacnoise geht einem nahe, ob man als Pilger oder einfacher Besucher hierher kommt, man verlässt den Ort wie verzaubert.

Ein weiterer Tag kann sich der Entdeckung einer äußerst gelungenen Renaturierung der Moorlandschaft widmen.

So gibt es im Lough Boora Parkland ein beeindruckendes Zeugnis für das wachsende Umweltschutzbewusstsein in Irland, das in den weiten Mooren des Binnenlandes nicht mehr nur Rohstoffgebiete, sondern auch bedeutendes Naturerbe erkennt. Im großen Skulpturenpark mit Besucherzentrum erfährt man alles über die ökologische Bedeutung dieser archaischen Lebensräume. Helen Conneely zeigt im Celtic Roots Studio in Ballinahown besondere Schmuckstücke traditionellen Kunsthandwerks, das aus über 5000 Jahre alten irischen Mooreichen faszinierende Holzskulpturen erschafft. Abschied von Athlone nimmt man dann im Shannon Crafts & Coffee Dock direkt am Fluss mit den leckeren Kuchen von Regina Schaub, die es aus Kassel hierhergeführt hat. Der letzte Abend gehört natürlich Sean's Bar in der Main Street. Den ältesten Pub Irlands mit wunderbarer Atmosphäre gibt es angeblich schon seit dem Jahr 900: Irland, ein Wintermärchen.

»Halte inne und öffne dich für die Schönheit des Augenblicks.
Es wird keinen zweiten wie diesen geben … der flüchtige Moment
ist der Edelstein aus den alten Legenden, nach dem alle suchen.«

Überlieferte keltische Weisheit

DURCH DIE IRISCHEN MIDLANDS

Wehrhaftes

Athlone Castle beeindruckt auch in der Dunkelheit durch
seinen trutzigen Charakter und die modern gestaltete
Ausstellung zur Geschichte der Stadt. Auch die Kirchenfenster
von St. Peter & Paul in Athlone beschützen die Gläubigen.
Für Antiquitätenliebhaber ist der Besuch der Shannonbridge
Treasures in Athlone ein Genuss.

Wege zum GLÜCK

~

KILBEGGAN: WHISKEY-WUNDERLAND

Wer von sich behaupten kann, die älteste durchgehend lizenzierte Destillerie der Welt zu sein, damit natürlich auch die älteste Whiskeybrennerei Irlands, der schaut auf eine bewegte Vergangenheit zurück. Diese gilt es in der Kilbeggan Distillery wiederzubeleben: Im 800-Seelen-Ort Kilbeggan kennt jeder das Fabrikgelände, auf dem seit 2007, zum 250-jährigen Jubiläum der Brennerei, wieder irischer Whiskey zweifach gebrannt wird. Rund 250 000 Flaschen verlassen heute jährlich den geschichtsträchtigen Ort, der 1954 auf Grund von wirtschaftlichen Schwierigkeiten das Brennen einstellen musste. Die Rechte hat man natürlich behalten, vom Optimismus beseelt wie viele Whiskeyliebhaber, die immer an eine Zukunft für Kilbeggan geglaubt haben. Nach dem Zusammenschluss von Jameson, Powers und Bushmills in den 1970er-Jahren gab es praktisch nur noch eine Whiskeybrennerei in Irland. Bis John Teeling 1987 mit seiner Cooley Distillery dieses Monopol durchbrach und dem Kilbeggan Whiskey zu neuem Leben verhalf. Daraus wurde eine Erfolgsgeschichte, die heute jeder besuchen und erschmecken kann. Auf nach Kilbeggan!

Keadue

QUELLE TRADITIONELLER MUSIK

Musisches

Mit Harfe und Dudelsack, Flöten und Trommeln, einer Parade und einem Umzug aller Vereine wird im kleinen Ort Keadue jedes Jahr Ende Juli Turlough O'Carolan gefeiert. Der begnadete, leider früh erblindete Musiker und Komponist wird noch heute von Jung und Alt sehr verehrt, sein Grabstein gehegt und gepflegt.

WANDERBARDE MIT HARFE UND PFERD

In Keadue im County Urb Roscommon findet jedes Jahr im Sommer ein Musikfestival statt, das den letzten irischen Wanderbarden Turlough O'Carolan feiert. Die 200-Seelen-Gemeinde am Lough Meelagh würde wahrscheinlich völlig übersehen werden, wenn sich hier nicht eine eine äußerst engagierte Dorfgemeinschaft zusammengefunden hätte, die den traditionellen Werten wie Musik, Tanz und Geselligkeit neues Leben einhaucht. Und dabei verständlicherweise auf eine hochgeehrte Künstlerpersönlichkeit zurückgreift, deren Leben – typisch irisch – auch eine tragische Komponente in sich trug. Turlough O'Carolan (1670–1738) gilt nicht nur als der wichtigste irische Nationalkomponist, er ist als letzter Wanderbarde der Insel auch heute noch weit über die Musikszene hinaus gegenwärtig. Sein Schicksal, das ihn im Alter von 18 Jahren an Pocken erkranken und vollständig erblinden ließ, hielt ihn nicht davon ab, großartige Harfen-musik zu komponieren, zu spielen und durch die Lande zu

tragen. Bis heute sind über 200 Stücke erhalten geblieben, die das nationale Musikerbe Irlands bereichern. O'Carolan, als Sohn eines Hufschmieds in Nobber im County Meath geboren, zog mit seiner Familie 1684 nach Ballyfarnon ins benachbarte Roscommon. Dort bekam sein Vater Arbeit im Klan der MacDermots Roe in Alderford House. Die steinalte Adelsfamilie kümmerte sich auch um die Bildung des Jungen und ermöglichte ihm das Harfenstudium.

Mit 21 Jahren erhielt Turlough ein Pferd und eine Harfe. Er fand einen Begleiter und zog fortan über 40 Jahre lang als Komponist und Harfenspieler über die Insel. Der Harfenist verband in seinen Stücken traditionelle irische Melodien mit europäischer Barockmusik und schuf einzigartige Stücke voller Wohlklang. Jeder Gastfamilie, die ihn aufnahm, widmete er ein Planxty, einen musikalischen Gruß und ein Dankeslied für die erhaltene Gastfreundschaft. Im Alter von 50 Jahren heiratete er 1720 Mary Maguire, mit der er sechs Töchter und einen Sohn bekam. Ihr erstes Heim

war ein kleines Cottage auf einem Stück Land bei Mohill im County Leitrim. 1733 starb Turloughs Frau Mary, nur fünf Jahre später, am 25. März 1738, auch er. Begraben wurde der Barde in der Familiengruft der McDermots Roe bei Keadue. Diese letzte Ruhestätte ist ein magischer Ort voller Mystik, Bescheidenheit und Harmonie.

Einen ganz so weiten Weg wie Turlough haben die Nachwuchsmusiker nach Keadue nicht zurücklegen müssen und das Auto ersetzt heute natürlich längst schon das Pferd: Aus der kleinen Ortschaft Balla im County Mayo ist beispielsweise Hannah mit ihrer Mutter angereist, um beim Harfenwettbewerb der Unter-Zehnjährigen am O'Carolan-Festival teilzunehmen. Spielort ist St. Ronan's Hall, ein an eine Turnhalle erinnerndes Gemeindezentrum mit Holzdielenboden, der sich für die Céili-Tanzabende und sonstige Vergnügungen gut eignet. Hinter der Bühne zieht sich über ihre ganze Breite ein großes, etwas verblichenes Wandgemälde des nahen Lough Meelagh hin. Ein Stuhl steht auf

»Carolan war Dichter, Musiker, Komponist und Sänger seiner
eigenen Verse zugleich, der letzte und der größte irische Barde.«

Oliver Goldsmith (1728–1774)

dem Podium, ein Tisch mit sechs Kristallschalen und Pokalen, daneben ein Schild: *Sponsored by Arigna Fuels*, soviel Werbung darf sein. Hannah stört das alles wenig, auch die strengen Blicke der Jury beeindrucken sie nicht. Sie hat einfach Spaß am Harfenspiel, das spürt man sofort. Obwohl sie erst seit einem Jahr auf dem Instrument übt, erscheint ihr Vortrag virtuos. Rund 200 Menschen finden hier Platz, am Abend des Headline-Konzertes mit der berühmten Akkordeonspielerin Sharon Shannon aus Corofin reicht das natürlich kaum. Hannah aber spielt *George Brabazon* von O'Carolan und den Reel *Come West along the Road*. Ihr Fuß wippt im Takt der Melodie, konzentriert, anfangs ein wenig angespannt, aber fehlerlos präsentiert sie ihr O'Carolan-Stück. Verspürt sie Ehrfurcht vor dem großen Namen? Beim Reel dreht sie dann richtig auf, das Tempo kommt ihr entgegen, der Tanzrhythmus lässt die Seele der Zuhörer hüpfen und Hannah strahlt. Noch ein Junge und zwei Mädchen folgen, die Preisverleihung findet am Nachmittag statt. Am Sonntag steht die große Festivalparade an mit Motivwagen der Pubs und örtlichen Vereine, ein ausgelassenes Volksfest. Hannah aber wird diesen Tag in guter Erinnerung behalten. Die Jury betonte: Wir suchen nach dem sanften, melodischen Sound der Harfe – und wir haben ihn heute gefunden. *The winner is: Hannah Lyons!*

Taktvolles

Die meiste Zeit des Jahres gleicht die Hauptstraße in Keadue eher einer verkehrsberuhigten Zone, wenn das O'Carolan-Festival ansteht, verwandelt sie sich aber in einen Prachtboulevard, über den die Musikgruppen ziehen, wo traditionelle Tänze aufgeführt werden und wo man feiert, was das Zeug hält.

»Er stürzt sein Getränk in einem Zug herunter. Dreht sich nach hinten um, holt die Whiskeyflasche aus dem Regal und schenkt sich lärmend ein neues Glas ein.«

Flann O'Brien, *Durst*

Fast noch ein Geheimtipp ist nur wenige Kilometer weiter östlich von Keadue das County Leitrim und das gemütliche Städtchen Drumshanbo. Im hübschen Restaurant The Philosophers Scone lässt sich wunderbar über Himmel und Erde sinnieren, etwa zehn Minuten Fahrtzeit westlich von Lough Allen lockt dann ein wahrer Tiefgang in den Bauch der Erde: Die Arigna Mining Experience. Das über Jahrhunderte vom Kohlebergbau geprägte Gebiet hat vor einigen Jahren ein Besucherbergwerk eröffnet, das durch die letzte Mine Irlands führt, die geschlossen wurde. Vom weitläufigen Plateau aus hat man einen herrlichen Blick über das Land

bis hinauf zum Glencar Lake und seinem Wasserfall, den William Butler Yeats in einem Gedicht unsterblich machte. Beeindruckend ist hier vor allem, mit welchem Enthusiasmus die Bergarbeiterfamilen dieses Projekt zum Andenken an die Minentradition erhalten und betreiben. Entsprechend authentisch sind dann auch die Führungen, denn hier halten keine ausgebildeten Reiseleiter einen Vortrag, sondern jene Männer, die noch selbst hier in der Mine gearbeitet haben. Sie kennen natürlich jeden Stein und Stollen wie ihre Westentasche und Geschichten zum Arbeitsleben in den Minen, wie man sie sonst kaum zu hören bekommt.

Feuriges

Um einen hochwertigen Whiskey zu brennen, muss man einige Geheimnisse der Herstellung kennen; ein richtiges Torffeuer soll eines davon sein. Aus den einstigen Torffeldern am Lough Boora ist heute ein sehenswerter Besucher- samt Skulpturenpark geworden, der Material in der Umgebung findet. Im Tullamore Dew Visitor Centre sieht man, wie das Feuerwasser entsteht.

Die wild-romantische WESTKÜSTE entdecken

VON SKELLIG MICHAEL BIS INISHOWEN

Skellig Michael und Valentia Island

JENSEITS VON RAUM UND ZEIT

VON MÖNCHEN UND TÖLPELN

Sieben Seemeilen oder gut 13 Kilometer vor der Valentia-Küste der Iveragh-Halbinsel in Kerry liegen zwei Felseninseln, deren Magie sich niemand entziehen kann. Skellig Michael gehört zum UNESCO-Welterbe, Small Skellig ist ein Vogelschutzgebiet und die zweitgrößte Brutkolonie der Welt. Orte jenseits von Raum und Zeit, von denen jeder Besucher verändert zurückkehrt.

Wie eine Pyramide ragt Skellig Michael aus dem Meer heraus. Dort soll man an Land gehen können? Nicht nur das Geschaukel auf der manchmal stürmischen Überfahrt mit den offenen Fischerbooten von Portmagee oder Ballinskelligs aus lässt manchen Fremden zweifeln. Etwas Seegang ist in der St. Finan's Bay aber normal, kein Grund zur Panik. Die Skipper sind erfahrene Seeleute, keiner riskiert mehr als die Vernunft gebietet. Angelegt wird dann tatsächlich, in der Blind Man's Cove. Und ab jetzt ist jeder auf sich allein gestellt, der nicht gleich einen Gruppenausflug

Aussichtsreiches

Bereits 1996 wurde Skellig Michael auf die Liste des UNESCO-Welterbes gesetzt, so richtig bekannt wurde der Felsen im Meer mit seiner Klosteransiedlung erst durch Dreharbeiten zu einem Star-Wars-Film. Das stört die Papageientaucher alles wenig und auch die Fogher Cliffs auf Valentia Island bieten traumhafte Aussichten.

gebucht hat. Schwindelfrei sollte man sein, wenn man die steilen, in den Fels gehauenen Stufen zu den Bienenkorbbehausungen der Mönche hinaufklettert, die sich hier wahrscheinlich schon im 6. Jahrhundert niederließen. Ab dem 8. Jahrhundert findet das Kloster auf Skellig Michael Erwähnung in den Analen, seitdem lebten hier die Männer in völliger Einsamkeit, unter kaum vorstellbaren Entbehrungen, 150 Meter über dem Meer zwischen Himmel und den tosenden Stürmen des Atlantiks. Mehrmals wurden die Geistlichen von Wikingern überfallen und um ihre kargen Vorräte gebracht, manche Brüder verschleppt und getötet. Fast 400 Jahre lag die Insel verlassen, erlebte aber nach der Einführung des gregorianischen Kalenders 1582 eine neue Blüte. Da man damals während der Fastenzeit nicht heiraten durfte, auf Skellig Michael aber noch der julianische Kalender galt, nahmen viele Hochzeitspaare den Weg auf sich, um hier zu heiraten, ohne bis Ostern warten zu müssen. Der Blick von den gut erhaltenen Steinhütten über das Meer, fern von aller Alltagshektik, das Kreischen der Seevögel und das Tosen des Windes schenken dem Besucher noch heute eine Entrücktheit, die lange nachklingt.

Auf der Rückfahrt drehen die Boote dann eine Ehrenrunde um Small Skellig, die kleinere der Felseninseln im Meer, die umso weißer wirkt, je näher man ihr kommt. Über 30 000 Möwen, Basstölpel und Sturmtaucher bevölkern den Felsen, der von Meereshöhe bis zur Spitze mit Guano bedeckt ist und bei Windstille auch aus der Distanz einen beißenden Geruch verbreitet. Betreten darf man diese Vogelschutzinsel nicht, allerdings hält sich das Verlangen auch in Grenzen. Größer ist der Wunsch, aufs Festland

Erhabenes

Wie müssen sich die Mönche in ihren kargen Bienenkorbhäusern wohl gefühlt haben, zwischen Himmel und Erde und Meer? Ein Gefühl von Erhabenheit setzt auch ein, wenn man vom Geokaun Mountain über die Weite der Kerry-Landschaften hinwegschaut.

zurückzukehren, sich in ein Café am Hafen zu setzen und wortlos das Wunder im Meer zu betrachten, von dessen Anblick man sich kaum losreißen kann.

Den größten der fünf westirischen Halbinselfinger bildet Iveragh Peninsula, besser bekannt durch den Ring of Kerry. Das Befahren dieser Küstenstraße gehört zu den eindrucksvollsten Erlebnissen einer Irlandreise. Selbst Iren, die hier leben, stellen immer wieder ihr Fahrzeug am Straßenrand ab, steigen aus und bewundern das fantastische Küstenpanorama. Man kann die Rundfahrt in einem Tag absolvieren, aber das führt zu Eile statt zu Genuss. Hinter King's Head liegt Cahersiveen, der Hauptort an der Spitze der Halbinsel. Einer der großen irischen Befreier, Daniel O'Connell (1775–1847), wurde hier geboren, im Old Barracks Heritage Centre zeichnet eine Ausstellung das Leben O'Connells nach. Und von der Burgruine Ballycarberry Castle eröffnet sich ein wunderbarer Blick auf Cahersiveen und die Valentia-Bucht.

Ein historisches Manor House prangt an der nordwestlichsten Spitze der Iveragh-Halbinsel auf Valentia Island. Umgeben von einem paradiesisch anmutenden Park und Garten, der verwildert und doch kultiviert erscheint, entführt einen die Stille in eine andere Welt: Glanleam House & Gardens hebt sich wohltuend ab von einer Geschäftigkeit wie sie etwa rund um Muckross House bei Killarney herrscht. Subtropische Pflanzen aus Australien, Neuseeland, Südamerika und China, Bambushaine, Eukalypten, Fuchsien und Rhododendren verwöhnen das Auge, und über allem liegt der Duft von Lilien und Ginster. Mächtige Gewächse des Myrtus Luma, eines Myrtenbaumes, oder die Baumfarne der *Dicksonia antarctica*, die höchsten in ganz Europa, bilden schützende Dächer über den Wegen durch die Anlagen. Meta und Jessica Kreissig bieten Gästezimmer im Herrenhaus an und vermieten Ferienhäuser auf dem Anwesen. Wer einen Ort der Ruhe und Kontemplation sucht, hat hier sein Ziel gefunden.

»An diesem Ort wundert man sich, warum irgendjemand noch in Dublin bleiben will, als nicht besser genau hier zu leben, mit diesem großartigen Meer und dieser wundervollen Luft, die sich wie Wein in unseren Gaumen legt.«

John Millington Synge (1871–1909)

Elementares

Wie unterschiedlich Wasser in Erscheinung treten kann, sieht man
im County Kerry zum Beispiel am Lough Leane bei Killarney, in
dessen ruhigen Wassern sich Ross Castle spiegelt. Am Torc
Wasserfall geht es wesentlich rauschender zu.

Wege zum
GLÜCK

~

HOFFNUNG AUF HOCHZEIT

Sich vor lauter Verzweiflung die Klippen hinabzustürzen, weil man keine Partnerin oder keinen Partner fürs Leben abbekommen hat, braucht heute niemand mehr. Die Rettung ist nah in Form des jährlichen Matchmaker Festivals im September, das in Irlands einzigem Heilbad Lisdoonvarna gefeiert wird. Im Gegensatz zu manch mondänem Kurbad à la Karlsbad, war Lisdoonvarna ein Treffpunkt der einfachen Leute, die hier im warmen Schwefelwasser ihre Zipperlein linderten. Natürlich bot solch ein Wellnessweekend auch die Gelegenheit, zarte Bande zu knüpfen. Am Rande der Cliffs of Moher und des Burren muss das seit jeher besonders erfolgreich gewesen sein, denn zahlreiche Heiratsvermittler boten hier ihre Dienste an. Heute hat das Matchmaker Festival zwar eher Volksfestcharakter, bei dem Whiskey und Bier, Musik und Klimbim im Vordergrund stehen, einen echten Matchmaker gibt es in Person von Willie Daly aber noch immer in Lisdoonvarna. Sinnigerweise natürlich auch eine deckungsgleiche, pardon, namensgleiche Matchmaker Bar.

Cliffs of Moher und The Burren

KLIPPEN UND KARGER KALKSTEIN

LAND AUS GRAUER VORZEIT

Die atemberaubenden Cliffs of Moher im County Clare gehören zu den beliebtesten und spektakulärsten Attraktionen an der irischen Westküste. An ihrem höchsten Punkt, dem O'Brien's Tower, stürzen die Klippen 230 Meter hinab ins Meer. Noch imposanter ist allerdings ihre horizontale Ausdehnung, über acht Kilometer hinweg gibt es nichts als Wasser, Steilküste und den Himmel darüber.

Knapp eine Million Besucher sind jährlich an der von starken Böen umwehten Klippenkante unterwegs. Warnhinweise, über bestimmte Ecken nicht hinaus zu schreiten, schlugen Wagemutige oft genug in den Wind. Mit der neuen Umfriedung aus Steinplatten und Aussichtsbuchten wurde an den 250 Meter langen South Cliffs nun für mehr Respekt vor den nur spärlich bewachsenen Abgründen gesorgt und gleichzeitig der Naturraum stärker geschützt. Dabei hat

Dramatisches

Das County Clare hält eine große Zahl an dramatischen Landstrichen und Küstenpanoramen bereit, die Ehrfurcht vor der Schöpfung hervorrufen. Dazu gehören der Poulnabrone Dolmen aus der Jungsteinzeit genauso wie die berühmten Cliffs of Moher und die Quin Abbey.

man das Material für den Steinzaun aus den Klippen herausgeschnitten und so zugleich einen maritim-geologischen Lehrpfad über dem Atlantik geschaffen. Diese faszinierenden Einblicke in die Geohistorie der Küste zeigt auch die Ausstellung im neuen Besucherzentrum. Und selbst bei schwieriger Wetterlage wird den Gästen nun der atemberaubende Ausblick über die Atlantic Edge und den tobenden Ozean garantiert. An klaren Tagen kann man bis zu den Aran-Inseln in der Galway Bay hinüberschauen, am Horizont tauchen schemenhaft die Berge von Connemara auf. Mit dem Fernglas lassen sich 30 verschiedene Vogelarten beobachten, darunter die putzigen Papageitaucher, die in den Klippen nisten. Ein besonderes Erlebnis ist auch der Blick von unten nach oben, dazu muss man allerdings einen der Fischkutter in Doolin besteigen und sich in die Obhut einer Cliffs-of-Moher-Kreuzfahrt begeben. Gottvertrauen gehört an windigen Tagen dazu, denn auf mancher Nussschale ist kein Captain's Dinner zu erwarten.

Irland wird zu Recht als die grüne Insel bezeichnet, an die 40 Grüntöne haben Experten gezählt. Es gibt aber im Nordwesten von Clare eine Region, da beherrscht eine hellgraue Felslandschaft die Szenerie: Mit dem Burren, dem großen Kalksteinmassiv, wollten selbst die wildesten Heerführer nichts zu tun haben: »Kein Wasser zum Ertränken, kein Baum zum Erhängen, keine Erde zum Begraben.« Sie haben nicht genau hingesehen. Was sich da an die Cliffs of Moher anschließt und ausbreitet, ist eine Urlandschaft, wie es nur noch wenige in Europa gibt. In Kilfenora, aus dem die großartige Céilí-Band stammt, steht heute ein Besucherzentrum, das Naturfreunde mit der wunderbaren Welt des Burren vertraut macht. Das Kalksteinplateau erstreckt sich über eine Fläche von 250 Quadratkilometern im Nordwesten des County Clare und obwohl es zuweilen wie eine Kalksteinwüste erscheint, so gehört es doch zu den floristisch artenreichsten Gebieten Europas. Schon nach einigen hundert Metern in der Welt des Burren kommt man sich vor,

»The land of beauty and of mystery,
this ancient land I love.«

The Wolfe Tones,
»The Cliffs of Moher« aus dem Album *Child of Destiny*

als betrete man als erster Mensch diese Landschaft, dabei ist der Burren schon seit über 6000 Jahren bewohnt. Wundersamerweise fühlen sich auf dem steinigen, kargen und ständig windumtosten Untergrund Pflanzen aus dem arktischen und dem Mittelmeerraum wohl, wie etwa wilde Orchideen, Thymian und Pfefferminze, Storchschnabel, Enzian und Schlüsselblumen, die sich durch die Felsspalten schieben. Ob Pyramiden- oder Froschorchidee, Johanniskraut, Wicken oder Roter Klee, dem Schöpfer und den wilden Ziegenherden zum Trotz breitet sich eine botanische Vielfalt aus, die den nackten Fels auf ein Fünftel der Gesamtfläche zurückgedrängt hat.

In diesem Wunderland aus Kalkstein gibt es natürlich sagenumwobene Orte wie das Hünengrab Poulnabrone. Zur Wintersonnenwende scheint in den Dolmen, der etwa 3500 Jahre v. Chr. errichtet wurde, direkt die Sonne hinein. Die meist noch unerforschten Höhlensysteme und unterirdischen Flussläufe des Burren regen die Fantasie an. In alten Gemäuern wie der Corcomroe Abbey aus dem 12. Jahrhundert bei Bellharbour steht plötzlich zwischen all den steingrauen Mauern und majestätischen Spitzbögen eine farbenfrohe Marienstatue, ein Stück weiter liegt der letzte König von Munster, Connor O'Brien, begraben. Corcomroe Abbey hat schon William Butler Yeats zu einer Geschichte inspiriert, nachzulesen in *The Dreaming of the Bones*. Die Knochen können einem schon klappern, wenn der Wind Schauer über die Ebenen peitscht und der Weg zum Black Head, nach Fanore, einem verträumten Ort mit schönem Strand, oder zum wärmenden Torffeuer in Gus O'Connor's Pub in Doolin noch weit ist.

Steinreiches

Schon der Name klingt ein wenig grimmig: The Burren, eine einsame Karstlandschaft im Nordwesten des County Clare, ist ein Land aus Steinen, Felsen, geformt von Wind und Wetter, das an eine Mondlandschaft erinnert. Dabei gibt es nicht nur Steine zu Hauf, auch eine artenreiche Flora mit über 1000 Pflanzenarten ist in den Spalten zu finden.

Steinmauern schützen die
Felder vor Wind und Wetter.

Killary-Fjord und das Kylemore Abbey

CONNEMARAS LANDSCHAFTEN DER SEELE

Beruhigendes

In Connemara gibt es eine große Anzahl besonders schöner Landstriche, die eine große Ruhe ausstrahlen. Der Killary-Fjord steht dabei an vorderster Stelle. Und wenn sich hier im Westen der Insel die Blätter der Bäume, Büsche und Farne im Herbst rotbraun verfärben, findet man innere Ruhe und Ausgeglichenheit.

WANDERWEGE AM WASSER

Stolze 15 Kilometer lang ist der Meeresarm, 600 Meter breit und über 45 Meter tief: Irlands einziger Fjord Killary Harbour kann sich wahrlich sehen lassen. Zwar streiten die Gelehrten, ob die tatsächlich wie ein Fjord aussehende Landschaft nun wirklich einer ist und ob sie von Gletschern der letzten Eiszeit geprägt wurde oder nicht. Doch im beschaulichen Dorf Leenane zwischen den Bergen Mweelrea, Devil's Mother und den Maamturk Mountains kümmert das keinen. Auf beiden Seiten des Fjords gibt es wunderbare Wanderwege, von denen aus man auf die zahlreichen Muschelbänke hinabschaut, die heute eine der Haupteinnahmequellen der Fischer darstellen. In Leenane entstand 1989 der Film *The Field* mit Richard Harris als Farmer Bull McCabe in der Hauptrolle unter der Regie von Jim Sheridan. In Gaynors The Field Bar traf sich damals die ganze Filmcrew. Selbst wenn man den ersten Pint noch nicht geleert hat: Wer Brendan Gaynor hinter dem Zapfhahn stehen sieht, meint den leibhaftigen Richard Harris vor sich zu haben. Ein bisschen stolz ist Brendan auf seinen weißen Bart, den sie für die Hauptbesetzung glatt übernommen haben. Außerdem kann er so manche Geschichte erzählen von damals, als das mit dem Dreh losging. Und: Auf Brendans Wetterprognosen können Wanderer sich verlassen, beim Barte des Propheten.

Auch in Irland werden Aktivferien immer beliebter. Von der Jugendgruppe im Sommercamp bis zu den Best Agern, die beim Kanufahren ihren Gleichgewichtssinn trainieren – sportliche Aktivitäten liegen im Trend. Nur drei Kilometer hinter Leenane erstreckt sich das Killary Adventure Centre, ein Abenteuerkomplex, der vom Hochseilgarten über alle Formen des Wassersports bis zu geführten Wanderungen den verschiedenen Altersgruppen entsprechende Aktivitäten anbietet. Auch Übernachtungsmöglichkeiten zu moderaten Preisen im Stil einer modernen Jugendherberge gibt es, wo selbst Oldies ausdrücklich willkommen sind. Während die jüngeren Gäste ihre Geschicklichkeit an atemberaubenden Klettergerüsten trainieren, stellen die älteren Semester beim Torfstechen ihr Können unter Beweis. So haben am Abend alle etwas davon: die Geschichten über die Abenteuer des Tages und den Nachschub für das Kaminfeuer.

Ein wenig Wehmut liegt in der Begrüßung der Äbtissin Magdalena FitzGibbon, wenn sie die Besucher von Kylemore Abbey im äußersten Westen Irlands in Connemara empfängt: »Lasst uns alle, die kommen, wie Christus selbst empfangen, mahnt uns der Heilige Benedikt.« Das wird

Melancholisches

Auch von Kylemore Abbey geht eine meditative Stille aus, zumindest außerhalb der Hochsaison, wenn keine Besucherströme den Ort überfluten. Doch man findet selbst zu dieser Zeit noch ruhige Plätze wie in Mulranny an der Clew Bay im County Mayo, eines der schönsten Countys an der Westküste.

auch in Zukunft so sein, denn Kylemore Abbey, das älteste Benediktinerkloster in Irland, der wunderbar restaurierte viktorianische Garten, die neogotische Kirche und das sehenswerte Besucherzentrum samt Restaurant und Souvenirshop werden keineswegs geschlossen. Auch die 15 heute noch in Kylemore lebenden Benediktinernonnen dürfen bleiben und mit ihren Gebeten, Messen und religiösen Studien das Tal weiterhin mit Frieden erfüllen. Doch die Schule, eines der renommiertesten internationalen Mädcheninternate des Landes nimmt seit August 2010 keine neuen Jahrgänge mehr auf: Die Nonnen von Kylemore Abbey sind schlicht und einfach zu alt geworden, um zu unterrichten. Und jüngere Nonnen zieht es offenbar nicht in die wildromantische Abgeschiedenheit des Connemara-Nationalparks. Das war einst anders, die seit 1920 hier lebende Gemeinschaft der Nonnen blickt auf eine über 350-jährige Geschichte zurück, die bis zur Gründung des Ordens 1665 im belgischen Ypern reicht. Zurzeit studieren

hier noch 28 Schülerinnen, sie stammen alle aus der Gegend um Connemaras Hauptstadt Clifden und dürfen, wie es sich geziemt, auch noch bis zu ihrem Abschlussexamen in Kylemore Abbey bleiben.

Wenn ein Licht erlöscht, geht an anderer Stelle oft ein neues auf. Die Schließung des Internats bedeutet einen Verlust, nicht nur für das Bildungsangebot der Region und ganz Irlands, auch wird der besondere Geist von Kylemore Abbey fehlen. Aber die Besucher werden weiterhin nach Kylemore strömen und eine besondere Atmosphäre klösterlichen Lebens, in Gebet, Abgeschiedenheit und meditativer Stille erleben. Auch wenn die wunderbar restaurierten Gartenanlagen immer mehr Besucher anlocken, wie übrigens ganz Connemara, das sich zu einem Wander- und Urlaubsparadies von besonderer Güte gemausert hat. Und dabei zum Glück wert legt auf eine sanfte, nachhaltige Entwicklung, die den Zauber der Region nicht zerstört, sondern ökologisch vertretbar und mit Augenmaß erweitert.

»Wörter leben vielleicht im Erd-Schoß, unsichtbar,
eine verschollene Welt in ihrer Brust, unter der Düne,
wo einst Licht und Jugend war.«

John O'Donohue, *Connemara Blues*

Wie die Köpfe von Kegeln
ragen die Twelve Bens in
Connemaras Himmel.

>> Jetzt, wo sie *unsere* Namen zurückgerufen haben, können *die Berge* uns nie *vergessen*. <<

John O'Donohue, *Connemara Blues*

CONNEMARA HERITAGE FARM

Wege zum
GLÜCK

~

CONNEMARA HERITAGE FARM

Nur sieben Kilometer östlich von Connemaras Hauptort Clifden wird in Lettershea die Vergangenheit lebendig. Hier lebte in den 1830er-Jahren der weit über die Region hinaus bekannte Farmer Dan O'Hara. Die bittere Lebensgeschichte Dans rührt noch heute viele Iren zu Tränen. Seine einfache Hütte im Schatten der Twelve Bens, der malerischen Bergkette, war Treffpunkt für Geschichtenerzähler, Bauern und Familien, sein Torffeuer wärmte jeden Gast. Mit seiner Frau und sieben Kindern lebte Dan ein einfaches Leben, ernährte sich vom Kartoffelanbau und der Viehhaltung. Dann erhöhte der Landbesitzer die Steuern drastisch, die Familie musste auswandern. Auf der Überfahrt nach Amerika starben Dans Frau und drei der Kinder, die anderen musste er an Land in die Obhut der Wohlfahrt geben. Als gebrochener Mann verkaufte er in den Straßen von New York bis zu seinem Lebensende Streichhölzer. Martin und Nora Walsh haben das alte Cottage wiederhergerichtet. Sie bieten Ferien auf der Farm mit Angeln, Wandern, Torfstechen und der Erinnerung an Dan O'Hara: www.connemaraheritage.com

Belmullet-Halbinsel

MALERISCHES COUNTY MAYO

Vergessenes

Die Belmullet-Halbinsel wirkt wie ein von der Welt vergessener Landstrich, fast schon zu idyllisch, um real zu sein. Doch keine Angst, man findet die Keem Bay und wundert sich, warum man an solch einem Traumstrand fast unter sich ist. Also bitte nicht so Vielen weitersagen, es soll doch ein kleines Paradies bleiben.

DIE STEINZEIT ERWACHT

Es gibt an Irlands Westküste Inseln und Landstriche, die einem wie das Ende der Welt erscheinen. Bis man die Mullet-Halbinsel im County Mayo betritt. Dort hat man es tatsächlich gefunden, das Ende und den Anfang von Raum und Zeit. Der Nordwesten Mayos ist ein Gaeltacht-Gebiet, in dem vorwiegend irisch gesprochen wird. Die Region zeichnet sich durch ihre melancholischen Landschaften aus. Fischerei und Weidelandwirtschaft sind hier die wichtigsten Erwerbszweige. Ein idealer Ort, um geräucherten wilden Lachs zu kosten, Spaziergänge über lange Sandstrände und durch einsame Moore zu unternehmen, auf einem der Fischerboote zum Hochseeangeln hinauszufahren oder eine Radwanderung auf dem Great Western Greenway zu absolvieren. Zwischen Lough Conn und der Mullet Peninsula gedeiht kein Baum und kein Strauch, nur endloses, flaches Moor, in dem die Sehnsucht nach Ruhe und Frieden zu Hause ist.

Im November 1998 wurde östlich des Marktfleckens Ballycroy zwischen Mulranny und Bangor Irlands sechster Nationalpark eröffnet, seit einigen Jahren steht auch ein neues Besucherzentrum: Der Ballycroy Nationalpark umfasst 11 000 Hektar Moorland und die Nephin-Beg-Gebirgskette mit dem 721 Meter hohen Slieve Carr, dem höchsten Berg der Region. Dort oben liegen auch die einsamen Bergseen der Scardaun Loughs, durch die Täler schlängelt sich der Owenduff River zum Meer. In eines der letzten intakten, unberührten Moor- und Sumpf-Ökosysteme Europas haben sich seltene Tierarten wie Otter, Grönlandgänse und botanische Raritäten wie der Moor-Steinbrech zurückgezogen. Weiter zur Mullet-Halbinsel führt der Weg über Bangor, das Dörfchen ist Ausgangspunkt des unter Wanderern beliebten Bangor Trail, der bis nach Newport führt.

Am Eingang zur 30 Kilometer langen Halbinsel, die sich wie ein gekrümmter Finger um die Küste legt, wartet Belmullet auf Gäste. Der 900 Einwohner zählende Ort wurde 1715 von Sir Arthur Shaen gegründet. Zur Entwässerung des Moores ließ der Parlamentsabgeordnete einen Kanal anlegen, durch den auch kleine Boote zwischen der Blacksod und der Broadhaven Bay verkehren konnten. Anfang des 19. Jahrhunderts übernahm William Henry Carter einen großen Teil des Landbesitzes. Unter seiner Verwaltung wurde die Straße nach Castelbar angelegt und eine Pier für Schiffe bis 100 Bruttoregistertonnen errichtet. Von Belmullet zieht es die Besucher gleich weiter zu den windgeschützten Stränden an der Ostseite der Mullet-Halbinsel. Annagh Bay, Elly Bay und Mullaghroe Beach halten jeden Vergleich mit den Traumstränden der Welt stand und sind dabei so abgeschieden und unberührt, wie man es sich nur wünschen kann. Zudem wandert man hier über eine der ältesten geologischen Formationen Irlands, die weiß- und rosafarbenen Granitfelsen entstanden vor einer Milliarde Jahren. Natürlich gibt es auch ein keltisches Fort zu sehen und vom Blacksod Point an der Südspitze der Halb-

»Take me home to Mayo, across the Irish Sea, home to dear old
Mayo where once I roamed so free …«

Seamus Robinson, irischer Komponist (1939–2009)

insel aus finden Bootsausflüge zu den unbewohnten Inish-kea-Inseln statt. Auf dem Seeweg dorthin begleiten einen Robben und Delphine, selbst Wale wurden hier schon gesichtet.

Die Steinzeit erwacht in Céide Fields: Ist hier ein Ufo gelandet? Der erste Blick auf das pyramidenförmige Besucherzentrum auf der kleinen Anhöhe lässt solche Gedanken aufkommen, und wer weiß schon, ob hier nicht vor langer Zeit Außerirdische am Werk waren. Inmitten der einsamen, archaischen Moorlandschaft im Norden Mayos breitet sich auf einer Fläche von 15 Quadratkilometern der größte zusammenhängende Steinzeitfundort der Welt aus: Céide Fields. Dabei ist von der Anlage erst ein Bruchteil freigelegt, noch weitere Steinhäuser, Grabstätten und Feldumfriedun-

gen warten darauf, entdeckt zu werden. Auf ein Alter von stolzen 6000 Jahren wird die Anlage datiert, bedeckt von einer Schicht Moorboden, die eine einzigartige Vegetation hat entstehen lassen. Die ausgezeichnete Ausstellung im Besucherzentrum dokumentiert die Entstehung des Moores, die vorzeitlichen Klimaveränderungen und das Leben der einst hier heimischen Gemeinschaft mit ihren hochentwickelten Agrarsystemen. Auch der Blick von der Aussichtsplattform über die 110 Meter hohen Klippen verleiht der Fantasie Flügel. Wenn dann noch der Wind großartige Wolkenformationen über den Horizont treibt, dazwischen das Abendlicht hervorbricht und sich die Wellen zu schaumgekrönten Wogen auftürmen, fühlt man sich endgültig in die Steinzeit zurückversetzt.

Malerisches

Die Küstenlinie der Belmullet-Halbinsel bietet grandiose Panoramen, wie gemacht für Maler, die in ruhiger Natur ihrer Leidenschaft nachgehen wollen. Das Licht und die Farben fallen hier besonders harmonisch aus und die Luft ist so rein, dass man unwillkürlich tiefer atmet.

Der Steinkreis Deirbhile's Twist wurde
1993 von dem Künstler und
Wissenschaftler Michael Bulfin errichtet,
22 Steinplatten führen hinauf zum
magischen Ort.

›› ... *Belmullet* und *Ventry*, bleiben *vergessen* wie Wachposten. ‹‹

Seamus Heaney

Behütetes

Die idyllische Keem Bay wird auf beiden Seiten von Hügelketten
eingegrenzt, die sie vor den manchmal tosenden Wogen und
Stürmen des Atlantiks beschützen. Man kann sich kaum trennen
von einem Ort, der so viel Harmonie ausstrahlt. Ob man das auch
unter einem megalithischen Grabstein so empfindet, muss jeder
selbst entscheiden. In Mayo findet er einige davon.

Donegal und Inishowen

~

EINSAME SCHÖNHEIT IM NORDWESTEN

Standhaftes

Die Ruinen der Old Church Dunlewey und ihr imposanter Kirchturm trotzen den Winden der Geschichte, sie wehren sich gegen die Stürme genauso wie der Leuchtturm an Fanad Head im County Donegal. Congal Mac Fergus Fanad war um 700 irischer Hochkönig; auf dem Fanad Drive, einer Rundtour über schmale Straßen, folgt man seinen Spuren.

TREKKING OHNE LIMIT

Der Geruch des Windes, der über die Wiesen streicht. Die Weite der Hügellandschaften, die Geschichten von Pilgern und dem entbehrungsreichen Leben der Bauern erzählen. Das Salz des Meeres, das in der Luft liegt und das Atmen verlangsamt. Man riecht, man sieht, man atmet neu und lässt die Geschwindigkeit der modernen Welt hinter sich. Im Nordwesten Irlands hat der keltische Tiger seine Zähne verloren. In Donegal wandern zu gehen heißt, noch einmal in die Schule zu gehen. Eine Schule allerdings, die nicht benotet, belehrt oder bestraft, sondern eine, die durch ihr bloßes Dasein wirkt. Die auf stille Art, mit der Sprache der Natur zeigt, dass es eine Welt gibt jenseits von Börsenkursen und Konsumjagd.

Zum Träumen lädt der sanfte Nieselregen zwar nicht gerade ein, der am Startpunkt der ersten Etappe die Blicke auf den von Wolken verdüsterten Himmel verschleiert. Zwar wird der kleine Bach am Wegesrand heute sicher nicht zum reißenden Strom anschwellen. Aber wer in Donegal wandert, ist gut gerüstet auch für solche Fälle. Regenzeug gehört einfach in den Rucksack und stört auch nicht weiter, genauso wenig wie der erste Anstieg zur Hochebene der Bluestack Mountains. Da wird Wanderern gleich warm ums Herz und die Beinmuskulatur kommt in Fahrt, denn der eher schmale Pfad schlängelt sich am Wald entlang über Geröll und entlang matschiger Torftümpel, um die man besser einen Bogen macht – immer im Schlepptau von John McGrory. Als Polizist verdient er seinen Lebensunterhalt im County Donegal, ein eher geruhsamer Job. Seine Leidenschaft aber gehört dem Wandern und so bringt er den Besuchern auf fuß- und handverlesenen Wanderrouten die archaische Schönheit seiner Heimat näher.

Der Bluestack Way westlich von Lough Eske zieht sich auf einer Länge von insgesamt 47 Kilometern von Donegal Town über den Gebirgszug bis nach Ardara. Vertieft in gälische Traditionen haben sich in Donegal, Irlands größter Gaeltacht-Region, auch viele Bewohner der Halbinsel bis hinaus zum Rossan Point. Hier ist Gälisch Alltagssprache und das reiche keltische Erbe präsent – zum Beispiel bei der Totenfeier *Wake*. Bei dieser Form des Übergangs von der Erde in den Himmel wird der Verstorbene zu Hause aufgebahrt. Oft kommen die Hinterbliebenen aus allen Landesteilen zusammen, um Abschied zu nehmen. Die engen Familienangehörigen beten die Nacht hindurch am Bett des Toten, trinken zusammen Tee und Sonstiges, singen, tanzen, feiern und freuen sich über die *family reunion*. Auch wenn die Zeiten vorbei sind, in denen selbst viele

Schützenswertes

Im Glenveagh-Nationalpark rund um das gleichnamige Schloss steht der Umweltschutz ganz vorne auf der Prioritätenliste. Es setzt sich auch in Irland immer mehr die Erkenntnis durch, dass unser größter Schatz eine möglichst unversehrte Natur ist. Gerade die dramatischen Küstenlandschaften wie auf Tory Island müssen bewahrt und geschützt werden.

Iren nicht in den Nordwesten reisten, weil sie die Gegend mit Nordirland und den *troubles*, den politischen Spannungen, gleichsetzten, ist Donegal noch immer ursprünglicher als der Rest der Republik. Die Andersartigkeit schließt die Beschilderung der Wanderwege mit ein, gute Karten sind hier notwendig. Die verzeichnen auch ein fast verlassenes Tal, Eglish Valley. Hier scheint die Zeit still zu stehen, hier ducken sich vereinzelte Höfe hinter meterhohen Fuchsienhecken, heben Schafe am Horizont ihren Kopf, als spähten die Wächter einer anderen Welt nach Eindringlingen, die es zu vertreiben gilt. Im 18. Jahrhundert lebten hier 300 Menschen, heute sind es nur noch drei Farmerfamilien. Um Lake Dunlewey führt der Weg auf den höchsten Berg des Countys, Errigal Mountain. Michael McGarrigal führt die Wanderer sicher und mit schnellem Schritt, der Finanzmakler ist einer von 20 ausgebildeten Tourenführern, die in Donegal den Gästen die schönsten Plätze zeigen. Der idyllische Rundweg um den See und den kegelförmigen Berg beschwört Bilder herauf vom Land der Elfen in Mittelerde.

Auch die Halbinsel Inishowen, zwischen Lough Swilly im Westen und Lough Foyle im Osten gelegen, ist eine wahre Schatzkammer für Irland-Puristen. Dass man als *borderland* gilt, weil nur einen Steinwurf übers Wasser entfernt am Magilligan Point Nordirland beginnt, stört hier keinen. Zum nördlichsten Punkt Irlands geht es auf der Inishowen-100-Route, ganz gemächlich, weniger wegen der schmalen Küstenstraßen, sondern vielmehr, weil man ständig versucht ist, anzuhalten und die Aussicht zu genießen. Die 100 Meilen lange Rundstrecke um die Halbinsel beginnt in Burnfoot, manch einer bleibt aber schon in Henry's One Foot Inn hängen. Über Buncrana, Clonmany und Carndonagh geht es zum Malin Head, dem nördlichsten Punkt Irlands. Wer Zeit mitbringt, legt spätestens hinter Culdaff an der Tremone oder der Kinnagoe Bay ein paar Tage Pause ein: Die Strände sind einfach überwältigend.

> »Hinauf die sturmumwehten Berge, hinab die stürzenden
> Schluchten, wagen wir es nicht, die Jagd aufzunehmen, aus Angst
> vor dem kleinen Volk ...«
>
> William Allingham, *The Fairies*

DIE WILDROMANTISCHE WESTKÜSTE ENTDECKEN

Atemberaubendes

Der One-Man's-Path an den Klippen von Slieve League
erfordert eine gehörige Portion an Schwindelfreiheit; über
600 Meter fallen die Felsen hier hinab ins Meer. Auch am Malin
Head sollte man vorsichtig über die Klippen klettern. Die
Region ist dünn besiedelt, so manches Einsiedlerhaus wie
Canny's Cottage ist verlassen. In Killybegs aber ist noch eine
große Fischfangflotte aktiv.

Von
BELFAST
nach
LONDON-
DERRY

NORDIRISCHE IMPRESSIONEN

BOOMTOWN AM RIVER LAGAN

Künstlerisches

Belfast hat sich zu einer Shopping-Metropole entwickelt, in der jeder auf seine Kosten kommt, der eine Mischung aus britischem, irischem und internationalem Design bevorzugt. Gerade auch vom Belfaster Cathedral Quarter gehen immer wieder neue Ideen aus, haben sich doch hier viele Künstler und Kulturorganisationen niedergelassen.

VAN MORRISON UND DER HAUPTSTADT-BLUES

Die nordirische Hauptstadt gilt als Boomtown und tatsächlich hat sich Belfast in den letzten Jahren von einer düster wirkenden Metropole zu einem modernen Dienstleistungszentrum mit internationalem Flair entwickelt. Dazu trägt auch ein berühmter Sohn der Stadt bei, der Grandpa des Blues: Van Morrison hilft mit, das Image Belfasts weiter aufzupolieren.

Der einst zweifelhafte Ruf der Stadt hat sich in den letzten Jahren stark verbessert. Das Hafenviertel zum Beispiel wurde neu aufgebaut, ein Titanic-Museum entstand neben Geschäfts- und Bürogebäuden. Mit dem Odyssey Complex am Queens Quay verfügt man über einen beeindruckenden Glaspalast am River Lagan, eine hochmoderne Arena, die 10 000 Zuschauern Platz bietet und in der Konzerte, Konferenzen und Großveranstaltungen Menschen aus aller Welt anziehen.

Der Einwohnerrückgang wurde gestoppt, rund 340 000 Bewohner zählt Belfast heute, die Hälfte davon jünger als 30 Jahre alt. Die Infrastruktur beeindruckt: Zwei Flughäfen gibt es mittlerweile, Autobahn- und Schnellstraßenanbindung, im Zentrum eröffnen immer wieder neue Bars und Restaurants und Shoppingtempel warten an fast jeder Ecke. Belfast wirkt tatsächlich äußerst lebendig, jung und modern, nicht zuletzt aufgrund einer ausgeprägten Eventkultur. Vom Titanic-Fest im April über das alternative Cathedral Quarter Arts Festival im Mai, den zahlreichen Sommerveranstaltungen bis hin zum renommierten Belfast Festival at Queens im Oktober und dem Cinemagic im Dezember ist immer etwas los. Die städtebaulichen Anstrengungen sind rund um die Lagan-Mündung und im Zentrum sichtbar, alles wirkt aufgeräumt und frisch, auf dem Sprung in eine bessere Zukunft. Die Waterfront Hall, das Künstler-Viertel am Custom House, die mächtige City Hall, 1888 eröffnet, als Belfast von Queen Victoria die Stadtrechte erhielt, oder der aufwendig restaurierte St. George's Market von 1896, die älteste Markthalle Irlands überhaupt, beweisen: Belfast boomt.

Kämen da nicht die Erinnerungen an die *troubles* auf. Der Bürgerkrieg in Nordirland hat sich mit bitteren Bildern in die Köpfe gebrannt. Heute werden die Vergangenheit und die einschlägigen Viertel bewusst in die Stadtrundgänge integriert. Die irisch-katholische Falls Road, über der Fahnen mit dem Kleeblatt wehen, gehört ebenso dazu wie die britisch-protestantische Shankill Road mit ihren Bildern

Hoffnungsvolles

Belfast besitzt gleich zwei Kathedralen, die St. Anne's Cathedral mit ihrem Spire of Hope, dem Kirchturm der Hoffnung, wird abends schön angestrahlt. Auch die Skulptur Spirits of Belfast von Dan George im Stadtzentrum drückt die Hoffnung aus, dass in Belfast alle Strömungen eines Tages zu einer einzigen Kugel verschmelzen.

der Queen in den Fenstern. Außerdem ziehen berühmte Persönlichkeiten aus Belfast immer mehr Touristen an. An erster Stelle steht da ein Musikweltstar, der zwar im Umgang mit den Medien als schwieriger Zeitgenosse gilt, der aber seine East Belfaster Wurzeln in großartige Songs gegossen hat: Van Morrison, der wohl größte weiße Blues-Musiker aller Zeiten, hält seiner Heimatstadt mit Konzerten und Besuchen die Treue.

Ein Stadtrundgang auf den Spuren von Van Morrison führt durch East Belfast. Die Kulisse bildet ein kalter, grauer Februarmorgen, nein, es regnet nicht, aber von blauem Himmel auch keine Spur. Ein Blick aus dem Fenster auf die Dublin Road und man spürt, wie schlechte Laune aufsteigt: Wann haben diese verschmierten Fenster zum letzten Mal Putzwasser gesehen? *Cleaning Windows* heißt ein Song von Van Morrison, der an die Zeit erinnert, als er sich mit Fensterputzen über Wasser halten musste. Es sind diese Inspirationen aus dem Alltagsleben, die der Musiker in betörende

Songs umgesetzt hat, in Lieder, die wie *No Religion* und *Days like this* zu Hymnen der Friedensbewegung in Nordirland geworden sind. Sein Geburtshaus in der Hynford Street 125 schmückt heute eine strahlend polierte Plakette, die Straße selbst hat den Charme einer Arbeiter-Reihenhaussiedlung mit bescheidenem Wohlstand. Ein paar Meter weiter erhebt sich das Bloomfield Community Center, hier hatte Van seine ersten Auftritte mit den *Monarchs*. Im Schnellrestaurant The Bridge bekam er seine *Bellie Busters*, jene Magen füllenden Pasteten aus Kartoffeln, Zwiebeln und Würstchen, die es heute noch als *Belfast Pastrie Supper* gibt. An der alten Eisenbahnmauer vorbei, in *Brown Eyed Girl* als Rainbow Wall verewigt, geht es zur Cyprus Avenue. Die imposante, von riesigen Bäumen gesäumte Allee hat der jüngst zum Sir geadelte Musiker in vielen Liedern besungen, lebten doch hier die betuchteren Zeitgenossen, deren Lebensumgebung einst für den jungen George Ivan Morrison eine Art Traumwelt darstellte.

»Hier bin ich wieder, zurück in der Ecke, an der ich immer war,
alles ist wie immer, nichts ändert sich, zurück in der Ecke,
in diesem Spiel der Heilung.«

Van Morrison, *The Healing Game*

Erleuchtetes

In den Zeiten der Unruhen war Belfast am Abend eine dunkle und
düstere Stadt. Das hat sich längst geändert. Nicht nur die
angestrahlten Gebäude wie die City Hall und die St. Anne's
Cathedral spenden Licht, es weht ein neuer Geist durch ihre
Mauern. Der Friedensprozess ist unumkehrbar geworden.

Wege zum
GLÜCK

JIM BITTLE'S BAR IN BELFAST

Es gibt Menschen, die halten an ihren Träumen fest, auch wenn ihnen so ziemlich jeder rät, die Finger von ihrer fixen Idee zu lassen – Jim Bittle ist so ein Mensch. Man zählte das Jahr 1990, das Belfaster Cathedral Quarter war eine eher heruntergekommene Gegend mit Häusern, denen die Abrissbirne drohte, voller zwielichtiger Gestalten, die im Dunkel der Nacht ihren finsteren Geschäften nachgingen. Jim Bittle war das alles egal, er hatte sich in einen langgezogenen, schäbigen Pub verliebt, den er aufpolieren und übernehmen wollte. Alle hielten ihn für verrückt, denn es waren die Zeiten blutiger Unruhen, die Polizeisirenen im Zentrum von Belfast die einzige Musik der Nacht, der Zugang zur Innenstadt wurde streng kontrolliert. Auch Jim erhielt Drohungen, doch er blieb hartnäckig – und er hat Recht behalten. Sein Pub, Bittle's Bar, dessen Form stark an ein Bügeleisen erinnert, ist ein angesagter Treffpunkt, der tagsüber bis spät in die Nacht hinein so manche Seele wärmt.

VON BELFAST NACH LONDONDERRY

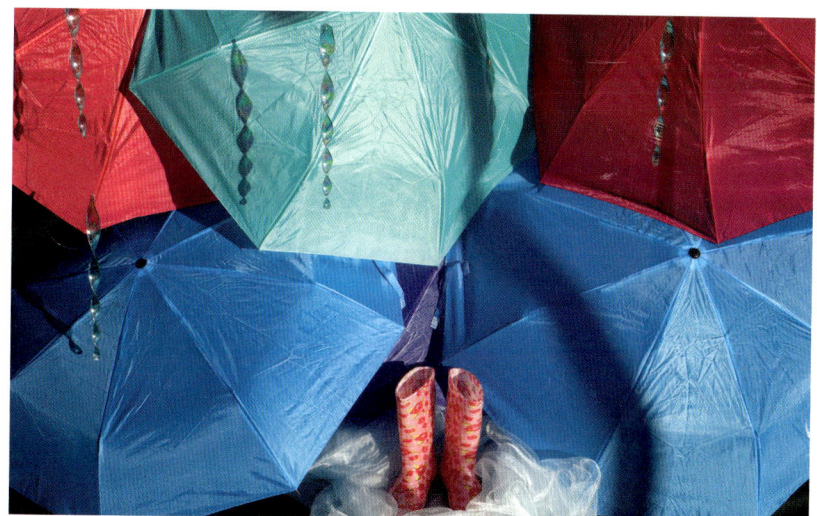

Schiffbares

Die Nomadic wurde gleichzeitig mit der Olympic und der Titanic Anfang des 20. Jahrhunderts von den Arbeitern der Belfaster Werft Harland & Wolff gebaut. Sie diente als Tenderschiff dazu, Passagiere, Post und Nachschub zu den Schiffen der Olympic-Klasse zu befördern, die zu groß für den Hafen in Cherbourg waren (links oben). Als Museumsschiff kann man sie heute ebenso trockenen Fußes in Belfast besichtigen wie den Big Fish.

In den letzten Jahren hat sich Nordirland sehr verändert, nicht nur politisch und wirtschaftlich. In den Köpfen der Menschen vollzieht sich eine Wandlung hin zu einer Offenheit, die eines Tages endgültig alle Barrieren überwinden wird. Das bringen auch jene zum Ausdruck, die hier ein Stück Heimat gefunden haben. Shane Meehan zum Beispiel: »Ich habe in meinem Leben große Veränderungen auf der ganzen Insel gesehen. Das Beste ist, dass wir uns inzwischen überall sicher fühlen und die Menschen mit offenem Herzen und aufgeschlossenem Verstand miteinander umgehen. Alle schreiben und reden über die *troubles*, dabei ist Belfast statistisch gesehen die sicherste Stadt in Europa. Und es gibt in ganz Nordirland so viele positive Initiativen: Integrierte Schulen für Protestanten und Katholiken, in Sport- und in Kulturvereinen spielt die Herkunft keine Rolle mehr, unter jungen Leuten nicht, wer aus welcher Familie kommt und wer wen heiratet. Armagh, die älteste Stadt in Irland, ist die einzige auf der Welt, die eine katholische und eine evangelische Kathedrale hat, die beide dem Heiligen St. Patrick gewidmet sind. St. Patrick war ein wahrer Cross-Community-Man: Ein Engländer, in Frankreich zum Bischof aufgestiegen, der die Iren missionierte und dessen St. Patrick's Day auf der ganzen Welt gefeiert wird, das können doch alle Gruppierungen als Vorbild gebrauchen.«

Politisches

Ob Kunst immer auch politisch ist, darüber lässt sich trefflich streiten. Zweifelsfrei ein großer Wurf ist das Titanic Museum in Belfast geworden, das Geschichte und Moderne miteinander verbindet. Warum wird ein Mensch Rebell, kann die Musik, die Kunst, die Malerei uns mehr geben als schöne Momente? Die *murals* an der Peace Wall in Belfast geben Antwort.

»Hielt mich hier noch irgendetwas? Was interessierten mich
ihre Worte. Ich war frei von Ehre und Verpflichtung.«

Adrian McKinty, *Die verlorenen Schwestern*

Antrim Coast

KÜSTEN-STRASSE IN DEN NORDEN

DÖRFER, GLENS UND CASTLES

Die Antrim Coast Route gilt als die schönste Strecke der britischen Inseln, gebaut ab 1832. Zehn lange Jahre wurde an den 70 Straßenkilometern gearbeitet, die mitten durch eine Landschaft führen, die zuvor von der Welt vergessen war. Die malerischen Namen der Glens of Antrim wie das »Tal der Hecken« oder die »Königin der Glens« künden von friedvoller Ruhe. In Larne nördlich von Belfast startet die Reise, immer mit Blick auf die Irische See, und führt über das sympathische Ballycastle, das seit 1606 mit der Ould Lammas Fair einen der ältesten Märkte des Landes abhält, bis hinauf zum beliebten Badeort Portrush.

Natürlich kann man die Tour entlang der Antrim-Küste auch in Carrickfergus beginnen und sich dort das Castle ansehen. Eine der imposantesten Burgen Irlands thront auf einem Felsen – und repräsentiert doch auch 800 Jahre britischen Herrschaftsanspruch. Die Boote im Segelhafen erscheinen winzig neben der mächtigen Burg. So richtig auf Touren kommt man in Larne; in dieser Bucht ankerten schon Wikinger, Römer und Anglo-Normannen. Das 18 000-Ein-

Geschmackvolles

Die Geschichte von Glenarm Castle, eines der schönsten Schlösser Nordirlands, reicht bis ins 13. Jahrhundert zurück (oben). Hier waren jahrhundertelang die Earls of Antrim zu Hause, heute finden auf dem Anwesen zahlreiche Kultur- und Food-Festivals statt. Mit leerem Magen sollte man die Carrick-a-Rede-Brücke an der Antrim-Küste dann doch nicht überqueren, ein gut gefüllter Magen erleichtert die Balance.

wohner-Städtchen gilt auch als Tor zu den neun Glens: Glenarm, Glencloy, Glenariff, Glenballyemon, Glencorp, Glenaan, Glendun, Glenshesk und Glentaisie. Alles »glen«? Heute bezieht Larne seine Bedeutung hauptsächlich aus dem Fährhafen. Hier treffen die Passagier- und Frachtschiffe aus Schottland ein. Außer dem Kulturzentrum Carnegie Centre hat Larne nicht übermäßig viel zu bieten, es überwiegt die fährhafentypische schmucklose Industriearchitektur. Warum dann hier halten? Ganz einfach, Larnes bestens bestückte Touristeninformation hält alle erdenkbaren Broschüren, Karten und Ausflugstipps zur Antrim Coast Road bereit. Auch der Videofilm über die Geschichte und die Sehenswürdigkeiten entlang der Küste und in den Glens ist eine ausgezeichnete Einstimmung auf das, was einen auf einer der schönsten Küstenstraßen der Welt erwartet.

Gleich hinter Larne auf dem Weg nach Ballycastle beginnt das Problem: weiterfahren oder aussteigen? Diese Entscheidungsnot wird einen während der gesamten Strecke begleiten und vielleicht dazu führen, dass man den beabsichtigten Zeitplan über den Haufen wirft und kurzerhand den Urlaub verlängert. Zwar ist die Küstenstraße keineswegs mit Parkplätzen zugepflastert, sie hat aber immer noch so viele Aussichtspunkte, dass schon bei Ballygalley der Etappenplan durcheinander gerät. Über Glenarm, das älteste Dorf in den Glens und seit 1750 Familiensitz der MacDonnells (derzeit lebt der 14. Earl of Antrim in Glenarm Castle), gelangt man nach Carnlough. Das hübsche Hafenstädtchen wirkt hell und freundlich mit seinen zahlreichen Kalksteinhäusern. Weiter geht es dicht an der Küstenlinie entlang nach Waterfoot. Der Name ist Programm, denn Waterfoot hat einen Sandstrand von über zwei Kilometer Länge, in den noch jeder, der vorbeigekommen ist, seine Füße gesteckt hat. Auch im Glenariff Forest Park lohnt eine Pause, um das klassische Trogtal und die umlie-

»Und gerade, wenn man meint, das sei das Ende –
Fahrtaufnahmen einer langen Welle, einen Strand hinauf, bis zu einem Stock,
der schreibt und schreibt, Worte in der alten Schrift in den fliehenden Sand.«

Seamus Heaney, *Ein Exposé*

genden Hügel zu bewundern, die der Schriftsteller William Thackeray als die »Schweiz im Miniaturformat« bezeichnet hat. In Cushendall zweigt eine kleine Straße von der Antrim Coast Road ab zum Torr Head, von dem aus der Blick an klaren Tagen bis zum schottischen Mull of Kintyre reicht. In Ballycastle legen Fähren nach Rathlin Island ab, aber auch die 30 Meter hohe Carrick-a-Rede-Hängebrücke ist ein schönes Ziel, wenn man schwindelfrei ist oder vorher in der Old-Bushmills-Brennerei ein Gläschen Whiskey zur moralischen Stärkung zu sich genommen hat.

Besonders das imposante Dunluce Castle auf einem Felsvorsprung direkt an der Küste zieht alle Blicke auf sich. Die Burg aus dem 16. Jahrhundert zwischen Portballintrae und Portrush war der Stammsitz des McDonnell-Clans, der bis ins 17. Jahrhundert Antrim regierte. Wie die meisten von den Engländern hier angesiedelten Kolonisten stammten sie aus Schottland. Von der in der Nähe gesunkenen Girona, einem Schiff der spanischen Armada, holte sich Sorley Boy McDonnell die Kanonen, die heute noch auf den Mauern zu sehen sind. Die erbeuteten Goldschätze lagern im Ulster Museum in Belfast. Angriffe von Land und Meer aus überstand Dunluce Castle viele, gegen die Natur aber war die Burg machtlos. Im Jahre 1639 stürzte ein Teil samt Küche und Bediensteten hinab in die Fluten. Das war für Lady McDonnell dann doch zu viel, man zog nach Glenarm und überließ die Burg ihrem Schicksal.

Facettenreiches

Die Antrim Coastal Road gehört zweifelsfrei zu den schönsten Küstenstraßen der Welt. Ein Grund dafür ist ihr Abwechslungsreichtum, der keine Langeweile aufkommen lässt. Manchmal kommt sie sanft und lieblich wie bei Cushendall daher, ein anderes Mal erscheinen ihre Klippen bei Dunluce Castle sich geradezu ins Meer zu stürzen. Der einzige Nachteil: Es gibt so viele schöne Plätze, dass man nicht richtig vorankommt.

DER KAMPF DER RIESEN

Wege zum
GLÜCK

~

DER KAMPF DER RIESEN

Das größte Naturwunder Irlands, vor 60 Millionen Jahren entstanden, sind die bis zu 15 Meter hohen Basaltsäulen am Giant's Causeway, ein dramatisches Küstenpanorama unter einem endlosen Himmel, der die ganze Szenerie wirklich riesenhaft erscheinen lässt. Natürlich gibt es geologisch-naturwissenschaftliche Theorien über die Entstehung des Giant's Causeway, der heute zum UNESCO-Weltnaturerbe zählt. So soll sich eine dicke Schicht Basaltlava über eine Kalkformation ergossen und beim Abkühlen die gesteinstypischen, sechseckigen Schrumpfungsrisse hinterlassen haben. Durch Erosion, Wind und Wetter kamen im Laufe der Zeit die Säulen an die Oberfläche. Die mythologische Entstehungsgeschichte ist mindestens genauso überzeugend: Der irische Riese Finn McCool und der schottische Benandonner wollten einen Entscheidungskampf austragen, wer der Stärkere sei. Damit der Schotte keine nassen Füße bekam, baute Finn aus Felsen einen Damm. Seine Gattin Oonagh aber wandte eine List an, indem sie Finn als ihren kleinen Sohn ausgab, worauf Benandonner das Weite suchte, denn wenn der Sohn schon so riesig war …

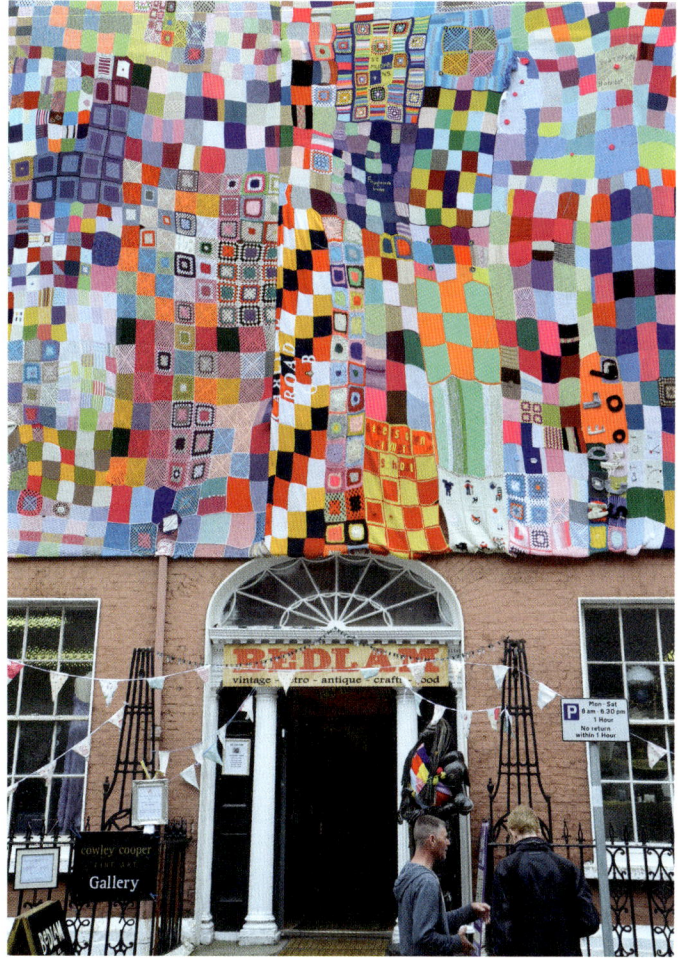

Londonderry

STADT IM AUFBRUCH

Friedvolles

Die Peace Bridge in Londonderry/Derry ist Ausdruck der Verständigung und des Wunsches nach Frieden und Versöhnung in Nordirland. Man reicht sich die Hand und feiert gemeinsam das Leben. Die Schatten der Vergangenheit haben ihren Schrecken verloren; sie werden nicht versteckt, aber das Aussehen der Stadt wird farbenfroher.

LEGENDÄRES LONDONDERRY

Im Jahr 2013 erhielt das nordirische Londonderry die Chance, als Großbritanniens Kulturhauptstadt zu zeigen, was in ihm steckt – und es hat die Gelegenheit genutzt, sein Image aufzubessern. Besucher aus der ganzen Welt kamen, feierten mit und waren überrascht, wie weltoffen und modern sich Londonderry präsentiert. Wenn es um geistreich-witzige Wortspiele geht, haben Iren und Briten oft die Nase vorne. Dazu lädt ihre Sprache geradezu ein, so wird aus dem Nachnamen eines ehemaligen Premierministers durch den Platztausch zweier Buchstaben ein Lügner: Bliar. Und aus einem alternden Fußballnationaltrainer ein Fallensteller: *caught in a trap*. Auch vor der Hochkultur machen die Wortschöpfer keinen Halt: *Let it be LegenDerry* lautete der witzige Slogan für das Kulturhauptstadtjahr 2013. Eine Formel, der Londonderry eindrucksvoll entsprochen hat, von der *City of Conflicts* zur *City of Culture* sozusagen. Musik- und Pubkultur spiel(t)en dabei natürlich eine tragende Rolle. Und wer das Gemisch aus Gästen aus aller Welt, Iren, Briten, Katholiken und Protestanten abends in der Waterloo und der Shipquay Street in und vor den Pubs friedlich feiern sieht, hält es für ausgeschlossen, dass sich der Friedensprozess noch einmal umkehrt. Die junge wie die ältere Generation in der Stadt am River Foyle wollen mit großer Mehrheit nicht mehr auf die Handlungsmuster der Vergangenheit zurückgreifen, sie möchten ihr Leben genießen und sich über jeden Besucher freuen, der sich für ihre aufstrebende Stadt interessiert.

Dass Derry/Londonderry zum Auftakt der Initiative *UK City of Culture* glänzen durfte, hat die Anstrengungen womöglich verstärkt und die *Walled City* veranlasst, viel in eine Verbesserung der Infrastruktur zu investieren. Rund 80 Millionen Pfund sind in Restaurierungs- und Sanierungsprojekte geflossen, wie etwa in die Transformation des Ebrington Square zu einem heiteren öffentlichen Platz, in den Bau der Peace Bridge und die Regeneration der Uferpromenade am River Foyle. Sehenswürdigkeiten wie die fast vollständig erhaltene mittelalterliche Stadtmauer und das mehrfach ausgezeichnete Tower Museum, in dem die zweitgrößte Stadt Nordirlands ihre bewegte Geschichte bis hin zu den *troubles* preisgibt, sind weitere Anziehungspunkte in einer sich neu erfindenden Stadt der Kulturen. Oder, wie die *New York Times* titelte, in einer Stadt, »wo die *troubles* begannen und die Kunst heilt«. So hat es

Architektonisches

Reihenhäuser gibt es überall auf der Welt, in Londonderry/Derry findet man sie in zwei Varianten: In der Bogside erinnern die Wandmalereien noch an vergangene Zeiten der Auseinandersetzung und transportieren das Gefühl der Arbeiterwohnsiedlung voller Entbehrungen. Am River Foyle dagegen wirken sie wie herausgeputzt und bereit für das pralle Leben.

Derry/Londonderry geschafft, in der internationalen Presse nicht länger die Nachrichtenseiten zu füllen, sondern auf die Feuilleton- und Reiseseiten zu wechseln. Eine erstaunliche Wandlung in kurzer Zeit.

Londonderry lockt mit kulturellen Veranstaltungen wie spektakulären Theaterinszenierungen, Ausstellungen oder Konzertreihen zu klassischer, populärer und traditioneller irischer Musik, die ein hohes künstlerisches Niveau erreichen. Touristen können sich heute überall frei und sicher bewegen, auf der Mauer, in der Mauer, unter der Mauer und auf der anderen Seite der Mauer, in der Bogside, dem einstigen *no-to-go-land*. Auch hier versteckt man nicht mehr die blutige Vergangenheit, sondern zeigt sie, um daraus zu lernen. Derry ist, ähnlich wie die große Schwester am River Lagan, eine junge Stadt. Rund 45 Prozent der 100 000 Einwohner sind unter 25 Jahre alt, Universität, Shoppingcenter und die lebhafte Innenstadt rund um den Diamond, den

rechteckigen Hauptplatz inmitten der vollständig erhaltenen Stadtmauer aus dem 17. Jahrhundert, verleihen ihr eine fast unbeschwerte Atmosphäre. Die jedoch immer wieder unterbrochen wird durch Erinnerungen an die *troubles*, die auch in Derry ihre unauslöschlichen Spuren hinterlassen haben. Längst sind die Bogside und ihre *murals*, die giebelhohen Wandbilder, zur Touristenattraktion geworden; man mag davon halten, was man will. Das Denkmal zum Bloody Sunday und die vielen Wandgemälde zu den Civil Rights und dem »freien Derry« machen dennoch betroffen – vielleicht hilft das ja mehr als alle politischen Sonntagsreden zusammen. Zum Glück gibt es inzwischen auch viele positive Signale. Im Badgers, dem Pub der »Dachse«, trifft sich Jung und Alt, katholisch oder protestantisch. Eine Bloody-Sunday-Dokumentation im Museum of Free Derry wurde eingerichtet, es gibt Touren durch die Bogside und überall den Wunsch, in Frieden miteinander zu leben.

»Als wir die Küche betraten, schaute meine Mutter auf und die ganze Geschichte ihrer und unserer Familie flog über ihr Gesicht in einem intuitiven Walzer des Willkommens und des Schmerzes.«

Seamus Deane, *Reading in the Dark*

Die Abendstimmung an der
Antrim Coast bei Ballintoy lädt
zum Träumen ein.

»Before I am old
I shall have written him
one Poem maybe as cold
And passionate as the dawn.«

William Butler Yeats, *The Fisherman*

Gut gerüstet
und
INFORMIERT

REISEEMPFEHLUNGEN

Hier finden Sie empfehlenswerte, handverlesene Übernachtungsmöglichkeiten, Restaurants, Pubs und traditionelle Feste und Events, auf denen Sie schnell mit Einheimischen und Besuchern in Kontakt kommen. Die Auswahl kann natürlich nur einen begrenzten Teil des in Irland besonders großen, vielfältigen und erlebnisreichen Veranstaltungsangebotes abbilden. Aber alle hier genannten Orte haben einen speziellen Charme und ein lobenswertes Qualitätsniveau, ob B & B oder luxuriöses Hotel, Gourmet- oder typisches Pubrestaurant. Und sollten Sie einmal nicht zufrieden sein, nehmen Sie es gelassen, setzen Sie sich mit einem Pint ins Freie und nehmen Flann O'Briens *Trost und Rat* zur Hand, die Gelassenheit kommt dann wie von selbst.

ÜBERNACHTUNG

Drogheda

Scholars Townhouse Hotel. Die 16 Zimmer dieses kleinen, kuscheligen Boutiquehotels wurden geschmackvoll mit viel Holzmobiliar und schönen Himmelbetten restauriert. Die Gastrolounge hat bereits mehrere Preise für ihre ausgezeichnete Küche erhalten. King Street, Drogheda, County Louth, Tel. 041/983 54 10, www.scholarshotel.com

Dublin

Brooks Hotel. In Dublin gibt es eine breite Palette an Hotelangeboten aller Kategorien, da man sich auch als Kongressstadt einen Namen gemacht hat. Das Brooks wartet mit dezentem Luxus und Wohlfühlcharakter auf. Drury Street, Dublin 2, DO2 TVO6, Tel. 01/670 40 00, www.brookshotel.ie

Glendalough

Glendalough Hotel. Näher an der Klosteranlage kann man nicht übernachten, auch ein kleiner Fluss unterhalb des Restaurants weckt romantische Gefühle. Glendalough, County Wicklow, Tel. 0404/451 35, www.glendaloughhotel.com

Cork

Lancaster Lodge. Von außen eher unscheinbar, bietet das Lancaster-Gästehaus innen helle, frische Farben und modernes Design. Zentrale Lage und vernünftige Preise. Lancaster Quay Western Road, Cork, Tel. 021/425 11 25, www.lancasterlodge.com

Cobh

Waters Edge Hotel. Schon die traumhafte Lage direkt am Hafen neben den großen Kreuzfahrtschiffen bietet einmalige Ausblicke. Die Speisen im Bistro können sich sehen und schmecken lassen. Yacht Club Quay, Cobh, County Cork, Tel. 021/481 55 66, www.watersedgehotel.ie

Kinsale

Blue Haven Hotel Kinsale. Charmantes Boutiquehotel mit aufmerksamem Service, freundlicher Atmosphäre und maritimem Stil. 3–4 Pearse Street, Kinsale, County Cork, Tel. 021/477 22 09, www.bluehavenkinsale.com

Sherkin Island

The Islander's Rest. Freundliches Gästehaus mit 21 Zimmern, wunderbarer Aussicht auf die Bay und angeschlossenem Pub. Sherkin Island, County Cork, Tel. 028/201 16, www.islandersrest.ie

Glengarriff

Bay View Boutique Guest House. Frisch renoviertes B & B, moderne Farben, hochwertig eingerichtet, Ausblick über die Bucht. Glengarriff, County Cork, Tel. 027/630 30.

Athlone

Sheraton Athlone Hotel. Zentral gelegen, in den oberen Etagen freie Sicht über die Stadt und den Shannon. Freundliches Personal, moderne Zimmer. Gleeson Street, Athlone, Countys Westmeath & Roscommon, Tel. 090/645 10 58, www.sheratonathlone.com

Keadue

Kilronan Castle Estate & Spa. Eingebettet in eine herrliche Parkanlage zwischen See und Wäldern, zieht Kilronan Castle als luxuriöses Hotel Hochzeitsgäste und Besucher aus aller Welt an. Ballyfarnon, Boyle, County Roscommon F52 R867, Tel. 071/961 80 00, www.kilronancastle.ie

Valentia Island

Glanleam House & Gardens. Glanleam wurde 1775 als eine Leinenweberei errichtet, seit 1975 hat die Familie Kreissig das Anwesen aus dem Dornröschenschlaf erweckt und Stück für Stück in ein kleines Paradies verwandelt. Stilvolle Zimmer, traumhafte Umgebung. Valentia Island, County Kerry V23 AC80, Tel. 066/947 61 76, www.hiddenireland.com

Burren

Deelin Mór Lodge. Versteckt in den Burren Mountains bietet dieses Ferienhaus auf dem Gelände einer Öko-Farm alle modernen Annehmlichkeiten, die das Herz begehrt. Helen Healy, Farm Cottage, Deelin Mór, Carron, County Clare, Tel. 065/708 90 09, www.deelinmor.com

Leenane

Delphi Lodge. Ein luxuriöses Country House aus dem 19. Jahrhundert für Jäger, Angler und Naturliebhaber mit gehobener Küche in wunderbarer Lage. Leenane, County Galway, Tel. 095/422 22, www.delphilodge.ie

Belmullet

The Talbot Hotel. Familiengeführtes Stadthotel im Zentrum mit stilvoll eingerichteten Zimmern und luxuriöser Note. Barrack Street, Belmullet, County Mayo, Tel. 097/204 84, www.thetalbothotel.ie

Wohnliches

Der wilde Wein und das Efeu geschnitten, Eingang und Hotel-Lobby herausgeputzt, das Holz im Kamin knistert, die Betten frisch und liebevoll bezogen und das Bibliothekszimmer für den Tee vorbereitet: In den irischen Land- und Gasthäusern herrscht Wohlfühlatmosphäre.

Donegal

Rosapenna Hotel & Golf Resort. Nicht nur für Golfer, auch für alle Naturliebhaber, Wanderer und Angler ist das 4-Sterne-Haus im Sommerhalbjahr ein geeigneter Standort. Downings, County Donegal, Tel. 074/915 53 01, www.rosapenna.ie

Inishowen

Malin Hotel. Man nehme den irischen Charme eines kleinen Landhauses, füge Boutiquecharakter und französischen Esprit hinzu und fertig ist eine gemütliche Unterkunft an der Nordspitze Irlands. Malin Town, Inishowen, County Donegal, Tel. 074/937 06 06, www.malinhotel.ie

Belfast

Benedicts of Belfast. Die 32 Zimmer im Boutiquestil wurden von Eamon Carberry, einem bekannten Designer, gestaltet. Ideal zum Shoppen am südlichen Zentrum gelegen. 7–21 Bradbury Place, Belfast BT7 1RQ, Tel. 028/90 59 19 99, www.benedictshotel.co.uk

Antrim Coast

Bushmills Inn Hotel. Nur einen Steinwurf vom Giant's Causeway und der Bushmills-Whiskey-Brennerei entfernt, gehört das Haus zu den bekanntesten irischen 4-Sterne-Hotels; moderate Preise. 9 Dunluce Road, Bushmills, County Antrim BT57 8QG, Tel. 028/20 73 30 00, www.bushmillsinn.com

Londonderry

The Bishop's Gate Hotel. Elegantes edwardianisches Stadthaus im Zentrum des Cathedral Quarters an der historischen Stadtmauer, luxuriöse Räume und exzellenter Service. 24 Bishop Street, Londonderry BT48 6PP, Tel. 028/71 14 03 00, www.bishopsgatehotelderry.com

ESSEN UND TRINKEN

Drogheda

Brú Bar & Bistro. Schon der runde Glasbau am River Boyne fällt ins Auge, familienfreundliches, frisches Ambiente im Stadtzentrum und leichte, leckere Gerichte zu allen Anlässen. Haymarket, Dyer Street, Drogheda, County Louth, Tel. 041/987 27 84, www.bru.ie

Dublin

Leo Burdock Traditional Fish & Chips. So wie das Bewley's Café gelten die Fish-and-Chips-Läden Leo Burdock als Dubliner Institutionen. Eine Portion eingetütet, um die Ecke geschlendert und im Schatten der Christ Church Cathedral verzehrt, einfach himmlisch. 2 Werburgh Street, Christchurch, Dublin 8, Tel. 01/454 03 06, www.leoburdock.com

Glendalough

The Wicklow Heather. Nur ein paar Kilometer von der Klosteranlage entfernt liegt dieses traditionelle, gepflegte Restaurant und B & B in Familienbesitz mit irischer und internationaler Küche. Glendalough Road, Laragh, County Wicklow, Tel. 0404/451 57, www.wicklowheather.ie

Cork

The Franciscan Well Brewery. Corks traditionelle Mikrobrauerei, die ohne jede Zusätze Biere nach überlieferten Rezepten der Mönche braut. 14b North Mall, Cork, Tel. 021/439 34 34, www.franciscanwellbrewery.com

Cobh

Titanic Bar & Grill. Im ehemaligen Ticket-Office der White-Star-Line-Reederei, der auch die Titanic gehörte, gibt es leckere Steak- und Fischgerichte. Scotts Building, 20 Casement Square, Cobh, County Cork, Tel. 021/481 45 85, www.titanicbarandgrill.ie

Kinsale

Fishy Fishy Restaurant. Berühmtes Fischrestaurant von Martin Shanahan, das trotz des Trubels seine hohen Qualitätsstandards beibehält. Crowley's Quay, Kinsale, County Cork, Tel. 021/470 04 15, www.fishyfishy.ie

Sherkin Island

Murphy's Pub. Hier bekommt man nicht nur schmackhafte Speisen mit Schwerpunkt Seafood, sondern auch alles Wissenswerte und Aktuelle über die Insel zu hören, wenn sich die Einheimischen zum Plausch treffen. Sherkin Island, County Cork, Tel. 028/201 16, www.islandersrest.ie

Glengarriff

Jim's Coffee House. Alles ist köstlich: der Spitzenkaffee, die leckeren Sandwiches, kleinen Gerichte und selbstgebackenen Kuchen in einem ruhigen, netten Ambiente. Reenmeen West, Glengarriff, County Cork, Tel. 027/630 30

Athlone

Sean's Bar. In der ältesten Kneipe der Insel, vielleicht sogar ganz Europas, wie es das Guinnessbuch der Rekorde behauptet, sollte man einen Zwischenstopp einlegen: um den Durst zu stillen, einen Lunch zu sich zu nehmen oder ganz einfach die Atmosphäre zu genießen. 13 Main Street, Athlone, Countys Westmeath & Roscommon, Tel. 090/649 23 58, www.seansbar.ie

Keadue

The Harp & Shamrock Keadue. Seit über 25 Jahren führen Ann, Mary und Martin Roddy nun schon diesen typischen irischen Pub, der regelmäßig Live-Musik und spontane Sessions bietet. Keadue Village, County Roscommon, Tel. 071/964 72 88, www.harpandshamrock.net

Valentia Island

The Moorings. Mehrfach ausgezeichnetes Restaurant für Fischmenüs und Schalentiere, direkt am Hafen gelegen. Auch hübsche Zimmer zum Übernachten vorhanden. Portmagee, County Kerry, Tel. 066/947 71 08, www.moorings.ie

Burren

Burren Food & Wine. Spezialisiert auf
Sommer-Lunches, Afternoon Teas und
Qualitätsweine. Bei Cathleen Connole
bekommt man die besten Produkte
aus dem Burren kreativ zubereitet.
Corkscrewhill Road, Ballyvaughn,
County Clare, Tel. 087/763 32 41,
www.burrenwine.ie

Leenane

The Blackberry Restaurant. Das
freundliche Restaurant von Sean und
Mary Hamilton im Zentrum des Ortes
kreiert aus frischen lokalen Produkten
schmackhafte Menüs. Leenane,
County Galway, Tel. 095/422 40,
www.blackberryrestaurant.ie

Belmullet

Ionad Deirbhile. Das kleine Heritage
Centre zeigt viel Geschichte rund um
Saint Deirbhile, The Children of Lir,
St. Colmcille oder St. Brendan, in der
angeschlossenen Teestube gibt es auch
selbstgebackene Kuchen und die bes-
ten Seafood-Sandwiches der Gegend.
Aughleam, Belmullet, County Mayo,
Tel. 097/857 27, www.museums
ofmayo.com/deirbhile

Donegal

Leo's Tavern Bar & Restaurant.
Legendäre Bar mit Live-Musik,
Geburtsort von Enya, Clannad und
Moya Brennan. Gute Stimmung ist
hier garantiert. Meenaleck, Crolly,
County Donegal, Tel. 074/954 81 43,
www.leostavern.com

Nahrhaftes

Die in Irland produzierten Lebensmittel haben auf
Grund der weitgehend intakten Natur eine hohe
Qualität. In Pubs, auf Märkten, in Teestuben und
Restaurants gibt es Speisen und Getränke von
ausgesuchter Qualität, die Leib und Seele verwöhnen.

Inishowen

The Beach House Bar & Restaurant.
Hier gibt es die frischesten Fischgerichte und saftigsten Steaks weit und
breit, außerdem eine Toplage direkt
am Lough Swilly. The Pier, Swilly
Road, Buncrana, Inishowen, County
Donegal, Tel. 074/936 10 50,
www.thebeachhouse.ie

Belfast

Deanes Love Fish. Helles, freundliches Restaurant für 100 Personen,
lockere Atmosphäre und großartige
Fischmenüs ohne Schnickschnack.
28–40 Howard Street, Belfast BT1
6PF, Tel. 028/90 33 11 34,
www.michaeldeanne.co.uk/love-fish

Antrim Coast

The French Rooms. Im Zentrum des
Ortes liegt dieses elegante Gourmet-
Café-Restaurant mit internationaler
Küche und französischem Touch.
45 Main Street, Bushmills, County
Antrim BT57 8QA,
Tel. 028/20 73 00 33,
www.thefrenchrooms.com

Londonderry

Badgers Bar & Restaurant. Im Herzen
der Stadt zwischen zwei Theatern und
dem großen Shoppingcenter gelegen
serviert das Badgers seit über 30 Jahren die frischesten Bargerichte und
gezapfte Biere. Hier trifft sich ganz
Derry. 16–18 Orchard Street, Londonderry BT48 6EG, Tel. 028/71 36 07 63.

FESTE/VERANSTALTUNGEN

Drogheda

Drogheda Arts Festival. Mit dem Ende April beginnenden Festival feiert Drogheda bis in den Mai hinein das erste Kulturfestival des Sommers. Man legt großen Wert auf einen Veranstaltungsreigen, der für Familien und alle Altersgruppen etwas bietet und zum Mitmachen animiert. www.droghedaartsfestival.ie

Dublin

St. Patrick's Day. Jedes Jahr am 17. März feiern die Iren mit einem bunten Festumzug ihren Nationalheiligen, den Missionar und Bischof Patrick von Irland. Die St.-Patrick's-Day-Parade in Dublin ist unübertroffen, auch wenn der Tag inzwischen weltweit gefeiert wird. www.stpatricksfestival.ie

Glendalough

Wicklow Walking Festival. Wanderwochenende Ende Oktober mit verschiedenen Routen, Längen und Schwierigkeitsgraden und einer Freitag-Nacht-Wanderung. www.walkinghikingireland.com

Cork

Guinness Jazz Festival. Das berühmte Jazzfestival in Cork Ende Oktober stellt die ganze Stadt auf den Kopf. In den Hotels, Konzertsälen, Pubs und auf der Straße feiern diejenigen mit, die etwas für Jazzmusik übrig haben. Und das sind in Cork beinahe alle. www.guinnessjazzfestival.com

Cobh

Cobh People's Regatta. Drei Tage Mitte August mit Segelwettbewerben, Märkten, Konzerten, Schiffsbesichtigungen rund um den Hafen. Berühmt für das große Feuerwerk. www.visitcobh.com

Kinsale

Kinsale Gourmet Festival. Schon über 40 Jahre lang gibt es Anfang Oktober dieses Feinschmeckerfestival, das vom Kinsale Good Food Circle organisiert wird und Gourmets aus allen Erdteilen anlockt. www.kinsalerestaurants.com

Sherkin Island

Sherkin Food & Craft Market. Sherkin war die erste der West-Cork-Inseln, die einen Wochenmarkt etabliert hat. Frische lokale Produkte, hausgemachte Kuchen, Gebäck und vor Ort hergestelltes Kunsthandwerk; viel Zeit für Gespräche mit den Bewohnern der Insel. www.sherkinisland.eu

Glengarriff

Jim Dowling Uilleann Pipe & Trad Festival. Im Juni dreht sich an vier Tagen in Glengarriff alles um den Dudelsack und die traditionelle irische Musik, die in West Cork auf einer großen Dudelsacktradition gründet. www.jimdowlingfestival.eu

Athlone

River Festival & Food Village. Zweitägiges Spektakel im September entlang des River Shannon in Athlone, mit Wassersportaktivitäten, Paraden, Seifenkistenrennen, Live-Bands, Kochdemonstrationen und Probiermeilen. www.athlone.ie/visit/river-festival-food-village

Keadue

O'Carolan Harp Festival. Ende Juli widmen sich der ganze Ort Keadue und die Umgebung eine Woche lang der Erinnerung an Turlough O'Carolan, Irlands letztem Wanderbarden und Harfenspieler.
www.ocarolanharpfestival.ie

Valentia Island

Valentia Isle Festival. An einem Juli-Wochenende findet dieses Kulturfestival auf Valentia Island statt, mit viel Musik, Tanz, Camping und Feuerwerk. Ein Shuttlebus fährt die Gäste über die ganze Insel.
www.valentiaislefestival.com

Burren

Burren in Bloom. Ende April bis Mitte Mai feiert die Burren-Region die Ankunft des Frühlings. Geführte Wanderungen, Vortrags- und Diskussionsrunden, Picknick- und Duftprobenevents bilden den bunten Festivalrahmen.
www.burreninbloom.com

Leenane

Leenane Mountain Walking Festival. Für das Ende April stattfindende Bergwanderfestival sollte man ein bisschen Kondition mitbringen, dafür gibt es faszinierende Strecken und Ausblicke auf den Killary-Fjord und die angrenzenden Hügel und Täler.
www.leenanevillage.com

Belmullet

Belmullet Gala Festival. Dieses bunte einwöchige Festival im August bietet Veranstaltungen für die ganze Familie vom *Family Fun Day* über *Pig Racing* bis zum *Heritage Day*. Auch für das leibliche Wohl wird an vielen Ständen gesorgt, www.belmulletfestival.ie

Donegal

Ballyshannon Folk & Traditional Music Festival. Ende Juli bis Anfang August versammelt sich in Ballyshannon schon seit fast 40 Jahren alles, was auf der Bühne in der traditionellen irischen Folkszene Rang und Namen hat. Auch ein umfangreiches Rahmenprogramm mit Musik- und Tanz-Workshops gehört dazu.
www.ballyshannonfolkfestival.com

Inishowen

Amazing Grace Festival. Anfang April findet dieses Kulturfestival am Lough Swilly statt, das an John Newton, seine Ankunft in Buncrana im April 1748 und seinen weltberühmten Song gegen die Sklaverei erinnert, www.amazinggrace.ie

Sportliches

Der Veranstaltungsreigen fällt in Irland besonders abwechslungsreich aus. Vom Pferderennen bis zum Straßenkarneval, von Konzerten über das Theaterfestival bis zur Parade am St. Patrick's Day reicht das Angebot, dem sich keiner entziehen kann.

Belfast

Cathedral Quarter Arts Festival. Von Ende April bis Mitte Mai versammelt dieses renommierte Kulturfestival Künstler, Musiker, Maler und Schauspieler von Rang in den Theatern, auf den Bühnen, den Plätzen und Museen mit über 150 Veranstaltungen.
www.cqaf.com

Antrim Coast

Rathlin Sound Maritime Festival. Ballycastle und Rathlin Island feiern Ende Mai gemeinsam dieses maritime Festival mit Regatten, Ausstellungen, Workshops, historischen Schiffen, freundlichen Riesen mit Pappmachéköpfen und jeder Menge Spaß für die Familien, www.culturenorthern ireland.org/festival/rathlin-sound-maritime-festival

Londonderry

City of Derry International Choral Festival. Wer etwas für Chorgesang übrig hat, sollte im Oktober nach Londonderry reisen, wenn über 2000 Sänger und Sängerinnen und 60 Chöre aus der ganzen Welt mit ihrer furiosen Kunst die Stadt in Vibration versetzen, www.codichoral.com

Verbindendes

Ob es die Dingle-Halbinsel, die kleine Insel Sherkin Island, die Gärten auf Garinish Island oder die Seehunde an der Südküste sind, die sich in der Sonne räkeln: Gemeinsam ist allen Orten ein unverwechselbar irisches Lebensgefühl.

IMPRESSUM

Verantwortlich: Dorothea Sipilä
Redaktion: Britta Mentzel, Altomünster
Korrektorat: Annika Genning, München
Satz und Layout: VerlagsService Gaby Herbrecht, Mindelheim
Umschlaggestaltung: uhu-design, Rosenheim
Repro: Ludwig Media, Zell am See
Herstellung: Bettina Schippel
Printed in Slovenia by Floriancic Tisk d.o.o., Ljubljana

⭐⭐⭐⭐⭐

Sind Sie mit diesem Titel zufrieden? Dann würden wir uns über Ihre Weiterempfehlung freuen.

Erzählen Sie es im Freundeskreis, berichten Sie Ihrem Buchhändler, oder bewerten Sie bei Onlinekauf.

Und wenn Sie Kritik, Korrekturen, Aktualisierungen haben, freuen wir uns über Ihre Nachricht an Bruckmann Verlag, Postfach 40 02 09, D-80702 München oder per E-Mail an lektorat@verlagshaus.de.

Unser komplettes Programm finden Sie unter www.bruckmann.de

Alle Angaben dieses Werkes wurden von den Autoren sorgfältig recherchiert und auf den neuesten Stand gebracht sowie vom Verlag geprüft. Für die Richtigkeit der Angaben kann jedoch keine Haftung übernommen werden.

Bildnachweis:
Alle Bilder stammen von Richard Gardner mit Ausnahme folgender Aufnahmen:
S. 2/3: huber-images.de/Breitung Michael,ADBE, S. 4/5: huber-images.de/Brown Mike, S. 6/7, 8/9: LOOK Bildagentur/H. & D. Zielske; S. 10/11: huber-images.de/ Fantuz Olimpio,ADBE; S. 17: panthermedia (Frank Weber, o.; somethingirish, u.), S.18 f.: huber-images/Fuchs Wolfgang, S. 36, S.161: Drogheda Hotel, S. 42/43: pan-thermedia/BartKowski, S. 61: panthermedia/Arsty, S. 73: panthermedia/Ken Welsh, S. 90: picture alliance/Design Pics,S.128: picture alliance/robertharding,S.147: panthermedia/phb.cz,S.158: LOOK Bildagentur/Holger Leue,S.160 l.: Parknasilla-Hotel,S.160 r.: Carrig House.

Folgende Bilder stammen von Jörg Berghoff: S.15 o., S. 32, 38 o., 44 l.m., 50, 53 l.o., 54 o., 55 o., 59 o., 63, 64 o. und u., 68/69, 70 o. und u., 77, S. 81 o., 84 o., 85 o. und u., 87 u., 88 o. und u., 89, 91, 92 l.o., 93, 101, 103, 104 o. und u., 105, 111 u., 113, 117, 119, 121, 122/123, 124, 125, 127 o., 130 o., 141, 145 r.o. und links u., 149, 150, 151, 153 u., 154, 158/159, 161 l.o., 162 l.o., 164 r.o., 165 r.o. und l.o., 166 r.o., 167 r.o. und l.o.

Folgende Bilder wurden über Mauritius bezogen:
S.19-22: Alamy Stock Photo/Brian Jannsen, S. 26/27: Marek Stepan; S. 29 o.: ro-bertharding/Alamy; S. 36/37 Barry Mason/Alamy, S. 56/57: nagelestock.com/Alamy, S. 67: age/David Lyons, S. 71: imageBROKER /Günter Grüner, S. 75: imageBROKER/ Dr. Wilfried Bahnmüller, S. 76: Westend61 /Markus Keller, S.78/79: Alamy/ Richard Wayman, S. 80: Ian Maybury/Alamy, S. 102: De Luan.

Folgende Bilder wurden über shutterstock bezogen:
S. 1: Bildagentur Zoonar GmbHS. 13, 96: Kanuman; S. 15 u.: Martin Good, S. 28: Pecold, S. 29 u.: Pyma, S. 34 u.: pgaborphotos, S. 35: LMspence (o.), Shannon Work-man (u.), S. 40, 72: Rolf G Wackenberg, S. 46: M.V. Photography, S. 46: David Soanes, S. 47: Gerardo Borbolla (o.), yykkaa (u.), S. 62: Andrei Nekrassov, S. 65, 146: Richard Semik, S. 66, 100: walshphotos, S. 74: Joanna K-V, S. 82: Ambient Ideas, S. 83: Gabriela Insuratelu, 86/87: Misa Maric, 94/95: trattieritratti, S. 97: Mundafora (o.), Kevin George (u.), S. 98: Everett – Art, S. 99: m4rCeLiNi, S. 106, 129: Maria Janus, S.107: Fulcanelli, S.108/109: Federica Violin, S.110: Kevin George, S.112: Capt-black76, S.114/115: Greg Fellmann, S.116: zkbld, S.118 o., 164: Patryk Kosmider, S.118 u.: Magnus Kallstrom, S.120: Tony Brierton, S.125: Brian Maudsley, S.126: Lu-kassek, S.127 u.: Jan Miko, S.131 o.: Wil Tilroe-Otte, S.132/133, 155: Henryk Sadura, S. 136: adamico, S.137: James Kennedy NI, S.138/139: Brendan Howard, S.142 u.: Paul J Martin, S.145 l.o.: Evan McCaffrey, S.148: Paul J Martin, S.152: Spumador.

Umschlagvorderseite, o.l.: Whiskyfässer [LOOK-Fotoagentur/ Holger Leue]; o.re.: Rock of Cashel im Abendlicht [mauritius images/imageBROKER/Günter Grüner] u.: Schafe auf den Blasket Islands [mauritius images/Cultura].
Umschlagrückseite: Rock of Cashel im Abendlicht [mauritius images/image BROKER/Günter Grüner]

Seite 1: Ruinen von Muckross Abbey
Seite 2/3: Blick zum Leuchtturm Fanad Head, County Donegal
Seite 26/27: Typisch irische Hügellandschaft, Loughcrew, County Meath
Seite 56/57: Abendröte über Allihies Bay
Seite 78/79: Rauer Küstenabschnitt, Keadue Beach, Westküste
Seite 94/95: Klippen von Moher, County Clare
Seite 132/133: Belfast Architektur mit illuminierter City Hall und Mt. Divis. Belfast, Nordirland
Seite 158/159: Irland feiert – buntes Treiben auf dem Derry Festival

Die Deutsche Nationalbibliothek verzeichnet diese Publikation in der Deutschen Nationalbibliografie; detaillierte bibliografische Daten sind im Internet über http://dnb.d-nb.de abrufbar.

© 2016 Bruckmann Verlag GmbH, München

ISBN 978-3-7343-0764-5